# 新时代高等院校转型发展研究

——来自湖南高等院校的实践

伍慧玲 著

北京理工大学出版社
BEIJING INSTITUTE OF TECHNOLOGY PRESS

**版权专有 侵权必究**

### 图书在版编目（CIP）数据

新时代高等院校转型发展研究：来自湖南高等院校的实践 / 伍慧玲著. --北京：北京理工大学出版社，2022.6

ISBN 978-7-5682-7713-6

Ⅰ. ①新… Ⅱ. ①伍… Ⅲ. ①高等学校-教育改革-研究-湖南 Ⅳ. ①G649.21

中国版本图书馆 CIP 数据核字（2019）第 235234 号

| | |
|---|---|
| 出版发行 / | 北京理工大学出版社有限责任公司 |
| 社　　址 / | 北京市海淀区中关村南大街 5 号 |
| 邮　　编 / | 100081 |
| 电　　话 / | （010）68914775（总编室） |
| | （010）82562903（教材售后服务热线） |
| | （010）68944723（其他图书服务热线） |
| 网　　址 / | http://www.bitpress.com.cn |
| 经　　销 / | 全国各地新华书店 |
| 印　　刷 / | 三河市华骏印务包装有限公司 |
| 开　　本 / | 710 毫米×1000 毫米　1/16 |
| 印　　张 / | 13.25 |
| 字　　数 / | 163 千字 |
| 版　　次 / | 2022 年 6 月第 1 版　2022 年 6 月第 1 次印刷 |
| 定　　价 / | 65.00 元 |

| | |
|---|---|
| 责任编辑 / | 赵兰辉 |
| 文案编辑 / | 杜　枝 |
| 责任校对 / | 刘亚男 |
| 责任印制 / | 施胜娟 |

图书出现印装质量问题，请拨打售后服务热线，本社负责调换

# 前　言

党的十九届五中全会提出，全面建成小康社会实现第一个百年奋斗目标之后，我们要乘势而上开启全面建设社会主义现代化国家新征程、向第二个百年奋斗目标进军，这标志着我国进入了一个新发展阶段。新发展阶段要秉持新发展理念，构建新发展格局。高等教育是国之梁柱，在国家发展新阶段应该紧跟方向，加快转型发展，适应新发展阶段的需求。

教育发展转型是指教育内部结构及其存在形式所发生的方向性、整体性、根本性的变革。我国高等教育转型发展主要是从粗放式发展向内涵式发展转变。2012年3月19日，教育部印发了《教育部关于全面提高高等教育质量的若干意见》，提出了高等教育"稳定规模、优化结构、强化特色、注重创新"内涵式发展的总体要求。

当前，高等学校发展还面临着许多问题，主要是："重理论轻实践"，人才培养体系还不完善；"重科研轻技术"，服务经济社会能力还不强；"重学历轻能力"，教师实践能力欠缺；办学经费短缺，实践教学硬件明显不足；产学研合作不深入，人才培养与经济社会需求不协调；毕业生就业压力增大，就业形势严峻等。这些问题的存在严重影响了我国高等院校的高质量发展，迫切需要转型发展突围。

高等院校转型发展一直是我国高等教育发展的研究课题，实践发展是这一课题的推进动力。如2020年的新冠疫情，加快了我国高等教育转型发展的步伐。特别是在推动高等院校教学方式、治理方式转型上更加明显。最引人注目的是高等院校线下教学向线上教学转型，还包括线上面试、线上答辩等，倒逼式推进了高等学校规模宏大的教学转型，也推进了我国高等院校的信息化发展。

党的十九大提出了"建设教育强国"的战略任务，我国高等教育转型发展进程持续加快。教育部2018年9月17日印发了《关于加快建设高水平本科教育 全面提高人才培养能力的意见》（简称"新时代高教40条"）等文件，决定实施"六卓越一拔尖"计划2.0。"新时代高教40条"结合我国进入新时代以来高等教育发展取得的历史性成就，结合人才培养的中心地位和本科教学的基础地位还不够巩固，一些学校领导精力、教师精力、学生精力、资源投入仍不到位，教育理念仍相对滞后，评价标准和政策机制导向仍不够聚焦等问题，力求大力推动高等院校主动适应国家战略发展新需求和世界高等教育发展新趋势，推动高等院校转型发展，初步形成高水平的人才培养体系，建成一批立德树人标杆学校，建设一批一流本科专业点，引领带动高等院校专业建设水平和人才培养能力全面提升，学生学习成效和教师育人能力显著增强；协同育人机制更加健全，现代信息技术与教育教学深度融合，高等学校质量督导评估制度更加完善，大学质量文化建设取得显著成效。到2035年，形成中国特色、世界一流的高水平本科教育，为建设高等教育强国、加快实现教育现代化提供有力支撑。

我国高等教育转型发展，关键是要强化师资建设，废除僵化体制。2020年10月13日，中共中央、国务院正式印发文件《深化新时代教育评价改革总体方案》（以下简称《方案》），针对教育评价改革的核心问题，首次提出了"改进结果评价，强化过程评价，探索增值评价，健全综合评价"的"四个评价"新理念。《方案》提出要破除"五唯"困境，最重要的是要回归教育本体，完善教育评价治理体系，加强教育评价学科建设，并且要内外结合，创造更加良好的社会支持体系。作为当前大学治理的重要政策工具，评估日益成为影响大学发展的"指挥棒"，但有误用和滥用的风险。未来大学发展路径，要实现从过度重视"物的再生产"到重视"人的再生产"的转型。

2019年2月23日印发的《中国教育现代化2035》等文件提出推进教育治理体系和治理能力现代化的指导意见，从改革阻碍高等教育发展的体制机制入手，构建法治化、多元化、现代化的治理结构，提升高等教育现代化的治理能力和治理水平。当前，国家和教育行政部门高度重视高等院校的转型发展问题，构建了相关的政策法律体制，如何落实这些政策和法律，推进高等院校的转型发展实践，已经成为全社会关注的热点问题。特别是西方发达国家对我国高科技的封杀和打压，我国国家战略科技成为关注重点，人们把目光集聚到了高等院校，热切希望我国高等院校加快转型，为国家培养大批创新型的现代化高尖端科技人才。因此，高等院校的转型任重道远。

本书的构思来自国家对高等院校转型发展的需求，选材是笔者从事高等教育十五年来的点滴思考，面对如此庞大和不断发展的高等教育，笔者的思考还是井底之蛙，结论也是盲人摸象。但是，十五年心路历程的记录，部分内容也具有一些参考价值。本书共分为十章，除第一章绪论和第十章结论外，中间八章分别对我国高等教育转型发展的必要性、存在的问题、目标方向、核心价值观、人才标准、服务对象、品牌特色、保障策略八个方面进行了研究。这些内容有的来自笔者的思考，有的是实地调研的成果，有的是访谈得到的启示，还有长期观察的感悟。但是，相对于我国蓬勃发展的高等教育实践，还只是很肤浅的内容。

教育兴则国兴，教育强则国强。高等教育是我国教育的重头戏，也是培养高层次人才的摇篮。国家要创新，民族要崛起，没有高质量的高等教育做支撑，一切就只是空中楼阁。党的十九大报告提出"建设教育强国"的战略任务，为新时代我国教育事业发展明确了宏伟目标。建设教育强国，高等教育要担当重任，高等教育担当重任，就要深化改革创新，实现转型发展，成为适应新时代现代化强国的现代高等教育。

CONTENTS

# 目　录

**第一章　绪论** …………………………………………… 1
　一、问题的提出 ………………………………………… 1
　二、研究意义 …………………………………………… 4
　三、相关研究回顾 ……………………………………… 6
　四、结构框架 …………………………………………… 12
　五、研究方法 …………………………………………… 13

**第二章　高等院校转型发展的必要性** ………………… 14
　一、高等院校转型发展的紧迫性 ……………………… 14
　二、培养高素质人才的时代要求 ……………………… 18
　三、新时代高质量发展的必然要求 …………………… 25

**第三章　新时代高等院校发展存在的问题** …………… 30
　一、高等院校招生竞争中的社会公平问题 …………… 30
　二、高等院校学生"手机症"凸显的学风问题 ……… 34
　三、高等院校自身发展的四大危机 …………………… 41

**第四章　高等院校转型发展的目标方向** ……………… 48
　一、精细化：培养具有工匠精神的时代人才 ………… 48

二、高技能化：培育创新时代合格的技能型人才 ……… 54
三、实践化：培养面向基层的应用型人才 …………… 61

**第五章 转型引领：社会主义核心价值观** ……………… 71
一、社会主义核心价值观引领高等教育转型的必要性 … 71
二、社会主义核心价值观的教育功能 ………………… 74
三、高等院校教师要做核心价值观的导航者 ………… 75
四、加强教师社会主义核心价值观教育的着力点 …… 78
五、用红色教育资源培养学生社会主义核心价值观 … 80
六、韶山红色资源引领大学生人生观的实证研究 …… 84

**第六章 转型之维：培育意识形态安全的社会人才** …… 94
一、意识形态安全教育是高等院校的根本 …………… 96
二、大学生社会主义意识形态教育的内容体系 ……… 99
三、加强高等院校社会主义意识形态教育的着力点 … 101
四、建设适应新时期的大学生意识形态安全教育体系 ……
……………………………………………………… 104

**第七章 转型重点：服务新型城镇化与乡村振兴** ……… 114
一、服务新型城镇化是转型发展的重点目标 ………… 115
二、服务乡村振兴拓展高等院校转型发展新空间 …… 125
三、培养乡村工匠：高等院校转型发展的新任务 …… 132

**第八章 转型路径：本土开发打造高等院校特色品牌** … 142
一、创校本特色的必要性 ……………………………… 142
二、湖南高等院校旅游教育利用本土特色资源推进转型的
实证研究 ……………………………………… 148
三、立足湖南本土特色的湖南高等院校红色旅游课程开发

案例分析 ………………………………………………… 156
**第九章 高等院校转型发展的保障策略** …………………… 164
　　一、强化大学生正确的价值观 ………………………… 164
　　二、突出办学特色提升品牌地位 ……………………… 170
　　三、完善薪酬管理留住优秀教师 ……………………… 173
　　四、培育校园文化强化转型软实力 …………………… 180
　　五、强化社会监控规范高等院校转型质量 …………… 184
**第十章　结论** ………………………………………………… 191
　　一、高等院校转型发展要抓住乡村振兴机遇 ………… 191
　　二、高等院校转型发展要引导学生乡村创新创业 …… 193
**参考文献** …………………………………………………… 196

# 第一章 绪 论

## 一、问题的提出

2010年《国家中长期教育改革和发展规划纲要（2010—2020年）》明确指出，要建立现代职业教育体系、优化高等教育结构、实行高校分类管理。这一政策犹如一座领航灯塔，指明了我国高等院校转型发展的思路和方向。当前，国家经济社会发展进入了新阶段，在高等教育大众化向普及化发展的推进中，高等教育服务国家经济社会发展的要求不断变化。加快建立现代教育体系，紧跟我国现代化发展的时代步伐，必须加强对整个教育体系的顶层设计，推进高等教育的转型发展。

2015年8月18日，中央全面深化改革领导小组会议审议通过《统筹推进世界一流大学和一流学科建设总体方案》，对新时期高等教育重点建设做出新部署，将"211工程""985工程"及"优势学科创新平台"等重点建设项目统一纳入世界一流大学和一流学科建设中，并于同年11月由国务院印发，决定统筹推进建设世界一流大学和一流学科；2017年1月，经国务院同意，教育部、财政部、国家发展和改革委员会印发《统筹推进世界一流大学和一流学科建设实施办法（暂行）》。2017年9月21日，教育部、财政部、国家发展和改革委员会联合发布《关于公布世界一流大学和一流学科建设高校及建设学科名单的通知》，正式确认公布世界一流大学和一流学科建设高校及建设学科名单，首批

"双一流"建设高校共计137所,其中世界一流大学建设高校42所(A类36所,B类6所),世界一流学科建设高校95所;"双一流"建设学科共计465个(其中自定学科44个)。

建设世界一流大学和一流学科,是我国做出的重大战略决策,也是我国高等教育发展的国家战略,有利于提升我国高等教育综合实力和国际竞争力,为实现"两个一百年"奋斗目标和中华民族伟大复兴的中国梦提供有力支撑;同时,也是我国高等教育领域的革命。国家本科院校的"双一流"战略和高等职业院校的"双高"计划,构成了我国高等教育发展的全新战略,也是我国高等院校发展转型的重要依据与原因。

高等院校转型的最大依据是我国经济社会的发展,其目标是建立现代高等教育体系,其抓手是"双一流"和"双高计划"。当前,最为重要的是通过高等教育的分流,促进中国现代职业教育体系的建构,进而促进整个教育体系的现代化。因此,2019年1月24日,国务院下发了《国家职业教育改革实施方案》(国发〔2019〕4号,以下简称《方案》),明确了深化职业教育改革的重大制度设计和政策举措。《方案》指出,职业教育与普通教育是两种不同的教育类型,具有同等重要的地位。《方案》明确要求经过5~10年的时间,职业教育基本完成由政府举办为主向政府统筹管理、社会多元办学的格局转变,由追求规模扩张向提高质量转变,由参照普通教育办学模式向企业社会参与、专业特色鲜明的类型教育转变,大幅提升新时代职业教育现代化水平,为促进经济社会发展和提高国家竞争力提供优质人才资源支撑。

当前,我国产业转型升级迫切需要大批高水平、复合型的高级技术应用型人才。[1] 因此,推进高等院校教育的转型发展,是高等院校教育的发展目标,也是时代赋予高等院校的任务。我国高等院校教育发展的时间不长,但是发展速度快,发展规模宏

---

〔1〕 鲁武霞,张炳生.地方应用型本科人才培养应向高职本科转型[J].江苏高教,2012(3):139-141.

大，取得了显著的成就，为我国经济社会的发展做出了巨大贡献，高等院校教育不断在社会、学生和家长中得到认同。日前，教育部、财政部联合出台《关于实施中国特色高水平高职学校和专业建设计划的意见》（以下简称《双高计划》），将集中力量建设50所左右高水平高职院校和150个左右高水平专业群，打造技术技能人才培养高地和技术技能创新服务平台，支撑国家重点产业、区域支柱产业发展，引领新时代职业教育实现高质量发展。不仅明确了高等职业院校发展的方向，也为我国建设高水平高职教育提供了很好的抓手。

2012年6月，教育部公布了《国家教育事业发展第十二个五年规划》，提出"高等职业教育重点培养产业转型升级和企业技术创新需要的发展型、复合型和创新型的技术技能人才"。人才培养目标的上述调整，引起了高等职业教育的重大变革。要培养创新型技术人才，高等院校自身必然要进一步大力开展技术创新活动、提升创新能力。此外，高等院校要与企业行业、科研院所、政府等进行协同创新，这必然要在发展理念、组织结构、资源配置、人才培养模式和利益分配制度等方面做出深刻的变革。因此，转型发展是高等职业教育提高发展水平、不断适应社会发展的必然要求。

2014年6月6日，国务院发布的《国务院关于加快发展现代职业教育的决定》提出了职业教育的目标："2020年，形成适应发展需求、产教深度融合、中职高校衔接、职业教育与普通教育相互沟通，体现终身教育理念，具有中国特色、世界水平的现代职业教育体系。"同时，国务院部署开展了一批地方本科院校向技术应用型院校转型。这些院校的转型，必将对高职院校产生巨大的冲击。作为以产教融合、培养技术型应用型人才为目标的高等院校，如何在优胜劣汰的竞争中生存发展，是高等院校急需破解的重大课题。

当前，我国经济发展进入新常态，供给侧结构性改革引导产业转型升级，就业结构和人才需求结构都在改变，高等院校人才培养必须符合经济发展新常态的要求，高等院校也必须经历结构性调整时期，加速转型发展是当前高等院校顺应时代潮流的必然选择。

近年来，高等院校竞相开展"对接产业（行业），工学结合，提升质量，推动地方本科院校深度融入产业链，有效服务经济社会发展"等改革实践，有的走出了一条抢抓发展机遇、实现转型发展和特色发展的可持续办学之路。但是，在我国进入经济发展新常态的新形势下，我国高等院校改革需要与时俱进、迈向新的发展阶段。想要抓住机遇、找准方向、发展自己，必须合理定位、实事求是、勇字当头，不断转型发展。

"穷则思变"，路走到尽头了，只有改变方向或者改变方式，才有新的出路。当前，很多高等院校学生的就业与所学专业出现了结构性的不适应，这种不适应就要求我们实现专业调整，专业调整的最佳选择就是实现转型发展。"穷则思变"是高等院校当前发展的状态。我国全面深化改革的不断推进及经济社会发展的日新月异，已经成为一个大局势，只有适应我国发展的大局势，高等院校才能在这个大局势中发展壮大。在这个大局势之中，顺之者昌，逆之者亡。因此，高等院校实现转型发展无疑是非常必要的。

高等院校实现转型发展是我国产业转型升级的现实要求。促进经济社会持续发展，是高等院校实现转型发展的压力和动力。我国已经提出"中国制造2025"，这是一个实施制造强国战略的行动纲领，它坚持"创新驱动、质量为先、绿色发展、结构优化、人才为本"的基本方针。其中，要做到创新驱动、质量优先、人才为本，首要的是我国高等院校培养的人才要具备创新能力，高等院校承担着培养我国新型技能工人的重任。

## 二、研究意义

作为国家中高层次人才培养的摇篮，高等院校转型发展是其自身生存的需要，也是时代赋予的责任。研究其如何转型发展具有重要现实意义和战略意义。

**1. 为高等院校明确办学方向提供理论参考**

高等院校通过多年的粗放式快速发展，取得了诸多成就，为我国培养了大批中高层次人才，但是，其发展方式粗放、发展模式趋同等问题也不断涌现。因此，加快转型发展，推进高等院校高质量快速发展，是高等院校今后可持续发展的应有方向。

**2. 为高等院校的未来发展拓展生存空间**

在我国高等教育大众化的历史条件下，招生竞争日益加剧，就业形势日益严峻。造成这种现象的重要原因是发展空间不足。加速高等院校转型发展，从人才精细化培养入手，培养多层次、多类型的实用型人才，是高等院校拓展发展空间、寻找新增长点的重要前提。

**3. 为高等院校抢夺未来发展的先机提供理论参考**

在新的发展时代有大量资源可以促进高等院校发展，城镇化的提速需要培养大批农民成为有劳动技能的市民，同时，也需要培养大批有知识、懂技术的现代农民。现有的农村富余劳动力向城镇转移也需要技能培训，乡村振兴需要大批乡村工匠和现代农民。因此，作为新时代的高等院校，应该抢占这一具有广阔前景的先机。

**4. 为高等院校进一步完善社会服务功能提供参考模式**

高等院校可以集教学、科研、社会服务于一体，目前高等院校服务社会方面的能力还比较欠缺，出现专业结构的设置、培养方向的定位等方面与社会经济发展不协调的情况，无法充分发挥其服务功能。加快高等院校发展转型，拓展服务范围，提高服务质量，可以进一步提高高等院校的社会影响力。

**5. 为高等院校打造特色品牌提供战略思维**

高等院校的发展必须要有自己的特色学科与专业，我国高等院校在当前快速发展中设立了很多大众化的专业，这些专业不够特色，也不是某些高等院校的特长专业。因此，加快转型发展，办好高等院校有师资、有基础的特色专业，打造高等院校的特色品牌，是高等院校超常规发展的保障。

### 三、相关研究回顾

高等教育在培养大批创新型人才的同时，也要培养大量适应生产、建设、管理、服务等第一线需要的高技术应用型人才。我国高等教育发展的角色定位与办学特色不仅要有利于自身的发展，而且要有利于整个社会与高等教育系统的健康运行。进入21世纪以来，全球化经济和信息化社会对劳动者的素质提出了新的要求，为培养高素质的劳动者，高等教育也由此进入了一个在调整中巩固、在改革中发展的时期。

就国外而言，其高等职业教育特色非常突出，这是我国高等教育转型发展必须好好学习的地方。美国、德国等国家高等职业教育发展相对成熟，因此研究也充分一些。就中国而言，起步比较慢，因此研究也是后起的，高等教育发展面临拓展生存空间的问题，研究也相对薄弱。但无论如何，这些先前的研究都为作者提供了借鉴。

#### （一）国外

国外发达国家十分重视高等教育，在高等教育转型上，重视向职业型、应用型高等教育转换。在已有研究中，英国、美国、德国和日本的高等教育历史被视为最具代表性，相关的经验总结也都是依据这些国家高等职业教育的特点概括而得，主要体现在以下几个方面：

**1. 重视高等职业教育发展**

美国在不同时期根据其社会经济发展和各方面的要求，适时制定法律、法规，并运用立法手段确保了高等职业教育的不断发展壮大。如1862年颁布第一部高等职业教育法案《毛雷尔（Morill）法案》，1963年2月颁布《职业教育法》，1965年又颁布

《高等教育法》[1]。而日本则颁布了《学校教育法》《社会教育法》和《职业训练法》等。政府一方面加强对高等职业教育的宏观管理和指导，另一方面也给予经济资助。例如，规定除大企业外，凡中小型企业兴建培训设施经认定以后，劳动省可拨补助费1/2，都道府再拨款1/3。德国被誉为当今世界教育与职业培训的典范，它建立了严格的职业技术培训制度，同时通过立法给企业规定了相应的责任和义务。例如，"双元制"职业教育实际上就是企业与国家共同对社会职业教育负责的形式得以实施[2]。

**2. 推行职业资格制度**

发达国家推动高等职业教育和培训的一项主要政策，就是国家全面推行职业资格制度，建立职业资格体系。例如，英国自20世纪80年代以来，为解决重学术轻技术、重学位轻职业资格的传统观念所导致的毕业生职业素质下降问题，决定在全英加强职业技术教育，并实施"现代授徒计划"，包括实行统一的"国家专业证书"和"普通国家专业证书"制度。

**3. 社会化综合模式**

社会化综合模式是一种由学校、企业、地区政府、团体以及私人广泛参与的职业教育形式。其办学形式多种多样，参与者在职能上既分工又合作，资源充分共享，办学形式灵活多样，包括全日制、半日制、定时制、函授、电视、计算机终端、正规教育与非正规教育等。如日本的筑波科学城，就是围绕筑波大学建立起来的一个巨型的教学、科研、生产联合体，是一个拥有52个科研教育单位、30家大型技术公司的"科学城"；英国也以大学为中心，在苏格兰中部建立了"硅谷"，集中了计算机、集成电路、计算机软件等方面的270家公司。

---

[1] 左彦鹏. 美国社区学院的发展历程及办学经验 [J]. 中国职业技术教育, 2003 (11): 56-58.

[2] 徐文辉. 德国高等职业教育管理的经验与启示 [D]. 沈阳：东北大学, 2008.

**4. 高等教育融于社区经济发展**

经济和社会的发展既是高等教育的直接诱因,又是高等教育的目标指向。在保持职业性、应用性等根本特色的前提下,各国高等职业教育大都面向社区,为当地经济发展服务。如加拿大的高等职业学院最大的特点就是把自身融于社区经济发展,成为社区一个不可分割的重要部分。学校与社区内的企业结成了密不可分的伙伴关系,学院以为社区培养人才为己任,社区各企业也以参与办学为荣。

**5. 在培养目标上强调"职业性"与"实用性"并进**

美国是高等教育最为发达的国家之一,但是美国并未把兴办"研究"型的大学作为唯一的追求,教育的实用性和"功利性"通过职业教育得到了充分体现。而德国采用"双元制"培训模式,也是学用并重,即学生部分时间在职业学校里上课进行理论知识培训,部分时间在企业从事实际生产劳动进行实践培训。

**6. 重视大学生职业指导与职业培训**

近几年OECD(经济合作与发展组织)国家的教育界都非常重视市场机制下高等职业教育的职业指导与职业咨询,各国政府采取了许多有效措施。如通过立法规定职业指导的目标,提供服务的范围和保证一定的资金投入,并授权有关当局搜集、整理和发布劳动市场的信息;在课程建设方面,为职业指导课程和服务提供资金支持,开发职业指导的教材,并建议为所有学生开设职业指导课程等。

**(二)国内**

作为国家战略,"双一流"学科目标的提出必将对我国高等院校的转型发展产生深远影响。地方高等院校在转型发展过程中必须以"地方性"和"应用型"为目标,将学校转型路径与提升服务地方经济社会发展结合起来,探索出一条"学校基础+地方政府+地方产业基础=高校转型模式"的新路子,培养适应行业企业素质和能力要求的应用型人才,与区域经济社会实现良性互动、协同发展。[1] 高等职业教育在中国的大规模扩展始于1999年。1999年《中共中央国务院关于深化教育改革全面推进素质教育的决定》提出:"高等职业教育是高等教育的重要组成部分,要大力发展高等职业教育。"当前,我国有关高职院校转型发展的研究有:

**1. 高等教育观念转型发展**

"温州智能职教研究院"在理论和实践中加强新兴专业和紧缺人才专业的建设、增加高端专业的比例、减少有可能被人工智能替代的低端岗位人员的培养;陈宝生出席2016年现代职业教育发展推进会时指出,瞄准产业、瞄准学生,深化体制机制改革,让职业教育香起来、亮起来、忙起来、强起来、活起来、特起来,为打造技术技能强国、全面建成小康社会做出应有贡献。贺武华、廖明岚认为,高等职业教育的进一步发展需要树立新的观念,这集中体现在:树立高等院校教育"类型"观;确立务实的教育教学观,更新"通识教育与专业教育矛盾"的观念;坚定高职教育"以就业为导向"的观念;转变高等院校评价观,构建高职教育自身的评价体系。[2] 李政认为,"中国制造2025"为职业教育提供了新的发展动力,打开了新的发展局面。制造业转型升级对技能人才培养提出了新的要求,这些要求分别体现在人才观、专业观、德育观、能力观、教学观、战略观和课程观等职业教育要素的观念转轨之上。观念的转轨为行动的落实奠定了思想基础。[3]

**2. 高职教育人才培养模式转型**

宁波城市职业技术学院推行班级与企业合一、办公室与教室

---

[1] 孙敬良."双一流"目标背景下地方本科院校转型发展的问题与出路:以许昌学院为例[J].许昌学院学报,2018(1):85-88.

[2] 贺武华,廖明岚.中国高等教育发展的观念转型[J].职业技术教育,2005(28):17-20.

[3] 李政."中国制造2025"与职业教育发展观念的转轨[J].中国职业技术教育,2015(33):38-44.

合一、教学与业务合一、学生与员工合一、教师和师傅合一的"五合一"人才培养模式；增强课程弹性，建立"专业滚动+课程滚动"模式（喻忠恩，2015）；建立"理论基础+实践技能+能力拓展"三位一体综合课程体系（徐兰等，2017）；构建"双证融通"人才培养模式（张春等，2017）；"双闭环"式"产教融合、工学一体"人才培养模式（林锦实，2017）。王琳认为，现代学徒制对高等职业教育的转型发展具有重要影响，现代学徒制既有利于提升职业院校的人才培养质量，为我国发展现代产业经济提供大批掌握精湛技艺并具备创新能力的高技能人才，又可以为我国经济发展方式转型升级战略的有效实施提供人才动力。他总结概括出高职院校在人才培养中存在的问题，并最终提出在高职院校推行现代学徒制的意见和建议。[1] 王庭之、何曙芝对生源危机下的高职转型发展进行了研究，他们认为，由于受到适龄人口逐年下降、高职院校持续扩招、国外争夺生源、放弃升学的学生增多等因素的影响，生源危机已成为当前我国高职院校的普遍性问题。如何在日渐萎缩的生源市场上实现转型发展，在激烈竞争中占有一席之地，已成为高职院校迫切需要解决的问题。高职院校应通过打造特色，选择差异化发展之路；减少依赖，主动提升发展内驱力；面向大众，拓展多样化生源结构；加快改革，提高学校管理效益等战略举措，突破生源危机，实现转型发展。[2]

**3. 高等教育教学内容的转型发展问题**

张源曲认为，在西方国家中现代学徒制作为培育高级技能人才的方式，在职业教育中已经获得了不错的成效，而我国目前正处于职教改革的特殊时期，在逐渐扩大的市场经济体系下，

---

[1] 王琳.论现代学徒制对高职院校转型发展的影响[J].中国人力资源开发，2014（23）：6-9.

[2] 王庭之，何曙芝.生源危机背景下高职院校转型发展战略[J].现代教育管理，2014（2）：57-60.

越来越多的技术人才被企业所需要，我国也应该引入西方国家较为完备的现代学徒制度。[1] 周敏认为，2015年"中国制造2025"成为宏大梦想与行动目标，中国工业4.0规划需要中国职业教育2.0版本的匹配；"互联网+"成为先进生产力，与产业、民生深度融合，创造经济发展新生态、国民生活新格局。"互联网+"在改变传统行业的同时，也悄然改变着中国高等教育领域，对中国高等职业教育的震动尤为巨大，在战略布局、教育思维、教育对象、教育领域、教育目标等方面发生着改变，中国高等职业教育也必须随着"互联网+"进行转型发展。[2] 鄂甜提出了高职教育要主动适应和积极应对经济新常态提出的新要求、新挑战，全面服务于新常态下的技术创新与产业升级，必须在四个方面转型：一是目标转变，从一元价值目标转向二元价值目标；二是重心高移，将职业教育主体向专科、本科层次转移，为经济新常态下的转型升级输送更多中高端技术技能人才；三是专业调整，加快专业更新，拓宽专业口径，构建柔性专业结构；四是功能扩大，职业教育必将成为"面向全民、服务终身"的教育。[3] 高校转型要优化与构建呼应地方产业结构需求的学科专业结构；构建以专业技术能力体系为核心的课程体系和课程质量标准体系，加强实践教学的实效性；加强双师型队伍建设，突破制约应用技术大学发展的主要瓶颈；建立政产学研用良性互动机制。[4]

---

[1] 张源曲.高职转型发展中现代学徒制的应用实践研究[J].教育界：高等教育研究（下），2016（7）：153.

[2] 周敏."互联网+"时代中国高职教育转型思考[J].北京教育：高教版，2015（12）：24-25.

[3] 鄂甜.论"新常态"下我国职业教育转型发展策略[J].职业技术教育，2015（22）：8-12.

[4] 董立平.地方高校转型发展与建设应用技术大学[J].教育研究，2014（8）：67-74.

**四、结构框架**

本书分为八章,围绕高等院校的转型发展,从高等院校转型发展的必要性、问题、方向与目标、转型引领、转型维度、转型拓展、转型路径和转型保障等八个方面,以湖南高等院校的部分案例展开;并对问题的提出、研究意义、相关研究回顾、结构框架等做了相应的交代。具体框架结构如下:

第一章《绪论》,主要内容包括问题的提出、研究意义、相关研究回顾、结构框架、研究方法等。

第二章《高等院校转型发展的必要性》,主要研究高等院校转型发展的紧迫性、培养高素质人才的时代要求、新时代高质量发展的必然要求等方面的内容。

第三章《新时代高等院校发展存在的问题》,主要研究高等院校招生竞争中的社会公平问题、高等院校学生"手机症"凸显的学风问题和高等院校自身发展的四大危机等内容。

第四章《高等院校转型发展的目标方向》,主要研究高等院校的精细化转型、高技能化转型、实践化转型等内容。

第五章《转型引领:社会主义核心价值观》,主要研究高等院校转型中的社会主义核心价值观引领的必要性、社会主义核心价值观的教育功能、促进高等院校教师思想导航、加强教师社会主义核心价值观教育的着力点、用红色教育资源培养学生社会主义核心价值观、韶山红色资源引领大学生人生观的实证研究等内容。

第六章《转型之维:培育意识形态安全的社会人才》,主要研究意识形态完全教育是高等院校的根本、大学生社会主义意识形态教育的内容体系、加强社会主义意识形态教育的着力点、建设适应新时期的大学生意识形态安全教育体系等内容。

第七章《转型重点:服务新型城镇化与乡村振兴》,主要研究服务新型城镇化是转型发展的重点目标、服务乡村振兴拓展高校转型发展新空间等内容。

第八章《转型路径：本土开发打造高等院校特色品牌》，主要研究创校本特色的必要性、湖南高等院校旅游教育利用本土特色资源推进转型的实证研究等内容。

第九章《高等院校转型发展的保障策略》，主要研究强化大学生正确的价值观、突出办学特色提升品牌地位、完善薪酬管理留住优秀教师等内容。

第十章《结论》，得出的结论是：高等院校的转型，必须紧跟国家城乡融合发展的重大战略，侧重拓展乡村发展的空间。

## 五、研究方法

本书研究思路是先从现实入手，首先，考察高等院校的生存状态，从表象和存在的各种问题进行考察，研究高等教育的窘迫生存状态；其次，从这种窘迫的生存状态和生存现象入手，探索其产生问题的原因；最后，找出拓展高等院校发展生存空间的对策与方法，提出可行性建议和对策。

研究方法是综合运用各种社会科学研究的方法，主要采取问卷调查法、数据分析法、图表说明法、综合分析法、参考文献法等多种方法，做到定性与定量相结合。

# 第二章 高等院校转型发展的必要性

我国普通高等院校尤其是地方院校大多脱胎于过去的大专、中专学校,是应试教育下的产物。要适应新形势的要求,高等院校特别是地方本科院校需要加快转型发展,不仅要实现办学理念上的转型升级,而且在硬件、软件上也要实现转型发展。

**一、高等院校转型发展的紧迫性**

高等院校发展与社会经济有着直接的联系,与社会就业结构变化和新产业新业态发展有着密切关系。我国当前经济社会发生了前所未有的变化,高等教育也应该紧跟实践并适应实践需要转型发展。当前,高等院校转型发展具有时代的紧迫性。

**(一)生源缩减导致招生压力加大**

随着社会经济结构的转型升级,高等院校创新创业教育发展还相对滞后,不能完全适应社会发展需要,面临着一些亟待解决的困难和问题,要在创新创业教育学科体系的建立和完善、专业课程的更新设置以及师资队伍的培养建设等方面实现转型发展。[1] 随着出生率的下降,高等院校生源的绝对数将明显减少,无法满足高等院校的招生需求。面对严峻的招生形势,处于高考招生最低批次的高职院校将首当其冲。高等院校跨省招生的比例

---

[1] 张虹. 高职院校在经济转型升级中的助推作用 [J]. 湖北工业职业技术学院学报,2017(3):1-4.

增加。从2008年开始，高等院校跨省招生比例迅速上升。当前，四大直辖市跨省招生已经超过了40%，北京、上海超过50%。四大直辖市和湖北、陕西、辽宁、江西、四川等省的高等院校，外地生源都超过了6万人。提高外地生源招生比例，对高等院校优质资源的跨区域共享有很大帮助。但不可否认的事实是，跨省招生的真正动因是迫于招生压力。客观上，高中生人数在下降。据调查，2009年，中等职业教育招生比例首次超过了普通高中，达到了51.3%。另外，中职学校可以招初中毕业生、普通高中毕业没有考上大学的学生，还可以招农民工、复转军人。在中职学生中，非初中毕业的大概占了整个生源的1/3。这说明，受到中职招生的冲击与压力，普通高中毕业生在减少。多种形式的成人教育对生源进行挤压，许多适龄青年放弃高考，或边工作边通过成人教育获得文凭，或就读成人高等院校，高等院校的生源则进一步减少。可以说，以上这些信息传播的信号为：我国高等院校的生源数量问题和生源质量问题并存，迫切需要发展转型。

### （二）目标定位传统观念需要转变

虽然每一所院校的领导和教师都熟知我国开办高等院校的目的、方针和政策，但是由于种种原因，办学观念并没有从根本上得到转变。如有些高等院校还是推行应试教育，忽视创新教育和能力培养，有些高职院校上课时理论讲得多，甚至在黑板上"开机器"，定位不够准确，导致管理、教学环节的运作比较混乱。具体表现在以下几个方面：

**1. 对高等院校教育的简单理解和经验思维**

因为大多数地方高职院校是从大专、中等职业学校、技校、中专等合并或升格而来，这些院校的领导多年从事大专、中等学校教育管理，对高等院校教育不太熟悉，加上有些领导的知识和学历结构偏低，对高等院校教育的有关政策、法规、人才培养模式、办学目标不明确，缺乏管理经验，缺乏与高等院校教育发展相适应的教学管理制度和方案。有些领导和教师对高等院校教育应该培养哪一个层次、哪一种类型的人才，均不十分清晰。因此，对教师的素质要求、对学生培养目标的确定、对高等院校教育的课程设置以及对教学环节的运作等方面存在一定的盲目性，不能正确地把握高等院校教育的发展方向。

**2. 招生规模与办学条件不匹配**

这类院校大多是刚起步，经费来源不足。不少院校为了加快发展，解决经费问题而大量扩招。他们普遍认为只要有生源，就可以求得发展，或者至少可以解决燃眉之急。但是，如果这些学生在院校里没有受到良好的培养，待他们走入社会之后，恰恰是事与愿违，院校只能是在激烈的市场竞争中自毁招牌。

**3. 师资建设力度不大，现有教师的资格认定管理不到位**

很多院校引进人才只是为了迎接评估，而忽略了对已有教师的规范管理，虽然原来中等学校留下来的教师有很大一部分是很优秀的，但随着院校的升格，他们需要有一定的时间和机会去补充知识，提高学历和学术水平。严格地说，他们中还有不少人根本不能胜任高等院校的教学。然而，在不少高等院校中，他们仍然肩负着繁重的教学工作，这也是高等院校应该认真思考的重要问题之一。教师的素质决定着学生的培养质量，学生质量的高低关系到整个学院的生存和发展。

### （三）顺应时代要求需要师资升级

我国高等院校的师资参差不齐，特别是一些职业技术学院，大多存在行政后勤人员超编的问题，大部分教学人员是以前的中等学校教师，且教职人员配比和师生比例失调。在一线教师中，普遍存在着专业知识、学历结构、实践技能、科研水平等方面跟不上时代发展要求的现象。随着办学层次的提升，很多教师已难以胜任教学工作，但是由于高职院校大量扩招，他们又不得不坚守在教学的第一线，合格师资数量更加紧缺。此外，多数教师对高等院校教育所规定的以"应用技术"为主，理论上做到"必需、够用"的教学原则的理解存在偏差，加上适合高等院校转型的教材短缺，不得不使用通用教材，而他们对通用教材内容的理解本身就有难度，又缺乏内容处理的灵活性，因而教师上课只能照本宣科，有的甚至干脆沿用原有大专教材。由于知识受限，部分教师在教学中讲授知识过于浅显，导致学生对某些技术原理模糊不清，囫囵吞枣。在这样的教学环境下，学生对必需的专业理论知识掌握不全面，从而影响了学生可持续发展能力的培养。

为了解决这些问题，有些高职院校从普通高等学校引进了一些教师。这些教师具备较丰富的理论教学经验和专业知识，一般比较受学生的欢迎。然而，由于多年的高等院校教学工作所养成的教学方式与方法，一时还较难适应高职院校实践教学环节的要求，加之高职院校现有的办学环境、办学条件、校园氛围和政策导向等诸多因素的影响与制约，教师在教学上更多地沿袭着学历教育的教学方法。这些教师对生产一线和社会实践缺乏了解，因此学生的实践技能难以得到良好的培养。为了完善实践教学环节，也有不少高职院校从生产第一线聘请了具有丰富实践经验的工程师作为兼职教师，但他们又缺乏理论教学经验和教学技能，传授知识比较困难。

### （四）专业调整应适应市场的需求

我国高职院校的专业设置是由国家政策、劳动市场职位需求决定的，不仅受国家政策、学校规章制度、生源等主观因素影响，还受某些客观因素（如区域经济发展、产业结构、市场需求、职业地位、师资队伍、学校竞争、教育现状等）影响。[1] 政府和教育管理部门为了推进高等教育大众化进程，在扩大高等院校的招生中，表现出了一定的盲目性，忽视了高等院校的客观实际和承受能力，缺乏对高等教育人才培养目标特殊性的分析和指导。我国高等院校的办学目标应该是为地方经济建设和社会发展需求培养下得去、留得住、用得上的高级应用型人才。很多高等院校在专业设置上缺乏

---

[1] 赵建全，孙荣华，王树阳，等. 适应市场需求的专业动态调整机制研究综述[J]. 卫生职业教育，2017 (5)：13-14.

地方特色，忽视对地方经济结构和办学条件的综合考虑，盲目模仿其他院校，不切实际地设置专业，或者缺乏对市场的全面调研而匆忙上马，尤其是缺少三年后社会对人才需求的科学预测。其结果是学生数量大增，办学条件不足，有些专业不得不依旧按学科性教育运行，使专业成了一个虚架子，造成高等院校教育与社会的需求和发展存在相互脱节的现象，与市场需求不相适应，这也是我国高等院校毕业生就业率偏低的原因之一。

**（五）教学体系需要多样化**

我国高等教育的教学体系本来应该两条线：职业教育和普通教育。有些高职院校为了升级为本科院校，和普通高等院校一个体系，除了公共课与少数基础课选用高等院校统编教材外，专业教材也是压缩本科教材，教学质量的好坏很难评价。由于教材缺乏特色，加上师资的不足，制定的教学目标模糊，普遍存在着太多的不确定性，有些高等院校搞"虚实"结合。"虚"即第二、第三学年的教学计划有些是虚设，虽然有教学计划，但由于各种原因，临时调整课程的现象时有发生，甚至有些课程还可随意删去，不能保证按教学计划执行，这种现象会在高等院校的教学过程中出现。"实"即第一年的教学计划是实的，这部分能够执行。例如，外语、体育、思想政治教育方面的课程，不管什么专业都必须开，就先开这些课程。由于教学计划的虚实结合，课程体系也不确定，人才培养目标亦不明确，因而达不到目标培养的要求，导致毕业生质量偏低，专业知识结构也不符合市场对人才的需求。

## 二、培养高素质人才的时代要求

大学生作为建设中国特色社会主义事业的重要力量，肩负着重要的历史使命。大学生综合素质的高低关系着新一代建设者整体素质的高低，关系着中国国民素质总体水平的高低，关系着建设中国特色社会主义的成败。因此，加强对高等院校学生的思想素质、生存能力、专业技能等各方面的综合教育，提高他们各方面的综合素质，具有十分重要而深远的意义。

**（一）传统高等院校学生培养模式不适应现实需要**

高等院校学生应具备的核心素质是：高尚的职业道德素质、广博的知识素质、较强的能力素质、良好的心理素质、高雅的鉴赏素质。其中职业道德素质是根本，知识素质是主干，能力素质是基础，心理素质是保障，鉴赏素质是体现。[1] 李岚清同志说过：虽然我国教育事业的改革和发展取得了令人瞩目的巨大成就，但面对新的形势，由于主观和客观等方面的原因，我们的教育观念、教育体制、教育结构、人才培养模式、教育内容和教学方法相对滞后，不能适应提高国民素质的需要。高等院校教育应关注的问题主要有：

**1. 以教师为主，学生主体地位弱化**

我国传统教育的致命弱点是仅仅为知识而教育，往往忽视学生的创新思维火花，知识的灌输成了教师的主要任务，被动接受教师的灌输成了学生的主要任务。教育离开了其满足求知渴望、启发反馈、激扬潜能和创造性的生命源泉。

**2. 在我国的实际教学中，存在着单纯传授知识而忽视思想素质的偏向，关注教书而不关注育人**

教育家陶行知先生说："道德是做人的根本。""千教万教，教人求真；千学万学，学做真人。"教育的目标是什么？就是使人成才而不是狭义的"成功"，教育是人的解放而不是人的枷锁。教育使人身心发展、人格完善，这才是教育的本质，所以说教育的核心是"做人"。

**3. 教师队伍素质不尽如人意**

这种素质包括专业素质、教育教学方式、人格品质、思维能力、探索精神、创新精神和创新能力。有的教师自身不具备不断学习提高的能力，不可能教会学生如何学习；自身不具备坚定理

---

[1] 王丽华. 高职院校学生素质教育目标定位分析 [J]. 教育与职业，2005 (36)：67-68.

想信念和优良道德品质的教师，不可能对学生进行有效的思想素质教育和人格培养。

**4. 我国高等院校教育存在"宽进宽出"现象，降低了人才培养的质量**

若结合大学扩招的现状追本溯源，我们不难看出，在高考录取阶段，若以满分750分为例，套用百分制60分及格的标准，很多高中学业"不及格"的学生不仅未回炉重修，反而顺利地进入高等院校，甚至基础知识都不及格的考生竟被录取到工科专业。高等院校教育的门槛之低已造成"宽进"的"先天不足"，再加上一些高等院校的"宽出"，造成的后果是：惰性的增长、潜能的埋没、素质的降低、歪风的滋长。

**5. 多元体制尚未构建**

我国的教育体制中缺少一种勇于追求真理、勇于探索未知、充分发展学生潜能、充分展示学生个性的价值观，缺少一种开放、合作、竞争、激励的多元性体制。北京大学党委书记和校长都表示：在办学体制改革方面，要创造新的模式和运行机制。

**6. 我国原有课程体系存在种种弊病**

过于注重知识传播，课程结构过于强调学科体系而缺乏整合的现状，课程过于注重书本知识和繁、难、偏、旧的现状，过于强调接受学习、死记硬背、机械训练的现状。目前，全国专业技术人才队伍结构性矛盾突出，专业结构不合理，行业、产业布局不均，地区、所有制间分布失衡。教育发展不能满足社会需求，社会对人才素质的要求与现有的人才培养体制之间存在矛盾。

**（二）新业态新职业呼唤人才培养新模式**

"中国制造2025""互联网+""大众创业 万众创新""精准扶贫"等重大国家战略为高等教育培育技术技能人才提出了新要求。《高等职业教育创新发展行动计划（2015—2018）》传达的信息是，高职院校应深刻把握发展模式的变化，在稳定规模的基础上，把资源配置和工作重心更多地转移到教育教学和技术技能人才培养上来，实现发展模式从规模扩张向内涵建设转变。学生的良好综合素质既是学生适应社会所需，又是教育的本质目标。什么是教育？桂建生、胡国强所著《人的发展教育论》中这样定义，"从广义上说，处于主导地位的人，选择人类社会创造的文化，有意识地促进他人身心发展的双方参与活动。从狭义上说，教育者按照一定的目的，以一定的组织形式，以特定的资料为媒体，系统地对受教育者施加影响，促进其身心得到发展的活动。"由此观之，教育是促进人的发展的实践活动，所以，高等院校教育对提升学生综合素质负有义不容辞的责任。高等院校学生的实践是社会主义建设大业，如果想要他们在实践中有所作为、有所贡献、有所创造，就必须对他们实施素质教育，使之适应当今时代的特征和国际竞争的重点。当今国际综合国力竞争的焦点是科技实力和民族创新能力的竞争，其实质是人才和国民素质的竞争。科技、人才和国民素质的竞争，关键取决于教育的竞争。许多国家为了抢占科技和经济发展的制高点，不遗余力地发展教育事业，努力提高劳动者的科学文化水平，致力于各级各类教育改革和人才培养。早在20世纪80年代中期，邓小平同志就郑重指出："四个现代化，关键是科学技术现代化。"而"科学技术人才的培养，基础在教育"。我国人力资源总量虽然很大，但人才资源所占比例仅为5.7%，而人才资源中的中高层次人才仅占5.5%。目前，发达国家的科技进步对经济增长的贡献率达到70%以上，我国与发达国家科技实力的差距不仅体现在科技进步对经济增长的贡献率上，更体现在我国的高、精、尖科技水平滞后上，尤其是一些关系到国民经济命脉和国家安全的关键技术滞后。高等院校素质教育本身就是新时期国家先进文化的标志之一、国家综合国力的重要体现之一，应该发挥高等院校作为文化重阵的作用，推动先进文化的发展。高等教育不仅仅是通过其提供的受教育机会去满足广大群众日益增长的求学愿望，更是新时期知识经济发展的动力源之一，通过促进国家的社会经济发展来服务人民群众的根本利益。科学技术是第一生产力，而科技进步和创新又完全靠高素质的创造型人才，高等院校素质教育在加快培养优秀人才、加速科技创新、加速国家发展方面具有重大作用，还可以通过知识创新和科技成果的产业化为国家的社会经济发展做出贡献。因此，我们必须紧密结合国家社会经济发展的需要，通过培养高质量人才，促进国家的发展，更好地服务于人民群众的根本利益。

职业院校既要推进特色办学，提高办学质量，又要保证学生的高质量就业。[1] 高等院校作为人才的摇篮、培养高素质劳动者的基地，肩负着培养参与国际经济竞争人才的使命和重任。

### （三）大学生综合素质的提升呼唤教育转型

培养怎样的人，怎样去培养人，这是现代高等教育所面临的根本问题。现代高等教育肩负着培养多样化人才、传承技术职能、促进就业与创业的重要职责。李克强总理在会见全国职业教育工作会议代表时曾明确提出，要把提高技能和培养职业精神高度融合，不仅要围绕技术进步、生产方式变革、社会公共服务要求和扶贫攻坚需要，培养大批怀有一技之长的劳动者，而且要让受教育者牢固树立敬业守信、精益求精等职业精神。

目前高等院校虽然秉承职业教育"以服务为宗旨，以就业为导向"的办学目标，但是也出现了失衡现象：重专业轻基础，重能力轻素养；只教学生如何做事，忽视教育学生怎样做人。学校只注重对学生专业技能的培养，一味地增加专业课的课时，而对于素质教育课却觉得有无皆可，作用不大。这导致素质教育课课时一再被削减，造成学校不重视、学生不爱学、教师无动力的局面。高职院校的学生与普通本科院校学生相比，有一定的差距，前者没有养成好的学习习惯，缺乏学习的恒心与毅力。如果只注重专业技能的培养，那么所培养出的不过是生产流水线上的"机

---

〔1〕赵建全，孙荣华，王树阳，等.适应市场需求的专业动态调整机制研究综述［J］.卫生职业教育，2017（5）：13-14.

器人"罢了,学生的知识转化能力和自主学习能力差,无法满足社会与企业发展对高等院校学生的更多期待。

**1. 构建多门素质课程整体优化的课程模式**

高等院校课堂教学包括专业课与公共素质课教学。专业课程侧重专业知识和技能的培养,在传授专业知识的同时将综合素质教育融入专业教育中,注意引导学生形成一种积极乐观的人生观和求知态度。素质课程的开设则是用以帮助学生拓展和提高文化基础知识,提高学生综合文化素养,以便更好地服务于专业学习和职业技能的提升。因此,素质课程是专业课程的必要补充。与专业课程的相互补充,可以从以下两方面做起:一是素质课的设置与专业需求相结合,课程应该结合专业的不同需求而安设;二是通过课程教学加强对学生综合素质的培养。

在确定课程教学模式时,既要注重单门课程的改革调整,又要注重多门课程之间的有机融合与整体构建。这样既能保证教学内容的有效性,避免同一内容的重复,又能实现素质课程的教学目标。如英语教师在必要的语言知识讲解之外,还要引导学生分析作者的意图、文章的主旨,穿插必要的文化背景知识介绍,使学习内容变得鲜活,与学生的实际生活紧密相连。在思想政治理论课学习中,教师在进行法律知识教育时,应结合生活中的案例进行讲解,并融入学生行为道德规范教育及心理健康辅导等内容。教师在教学中要突出以人为主体、以服务专业为根本,促进素质课程最大教学效能的实现。

**2. 注重选修课的开设和教材的选择,灵活采用多种教学方式**

在必修课之外,还可考虑开设公共选修课。目前选修课的开设范围过于宽泛,大多是出于教师自己的专长和兴趣,没有充分考虑学生的需求与专业特点,因而没有发挥出它应有的作用。选修课的开设与教材的选择应围绕服务学生专业所需这个目标,充分挖掘教师资源,赋予教师更多的自主权。教师可以根据实际需要自己选定或编写教材,学院采取教师自主申报与学校统筹安排相结合的办法，形成一种合力，共同促进学生综合素质的提高。教师要善于利用现代教学技术，借助多媒体等现代教学手段为学生创设生动逼真的教学情境，提供多方面的学习资料，如采用互动式教学。教学互动是影响教学效果的重要因素。教师可以随时调整教学方式，及时反思并发现教学中存在的问题，提高教学效果。高等院校应根据办学特点和高等教育的规律，对学生的大学学习生涯进行系统的设计与规划，扎实有效地推进学生综合素质的提高。

**3. 注重学习氛围的创建，促进显性教育与隐形教育的结合**

提高大学生综合素质，还应加强学校环境建设，为学生创建适于学习的人文氛围。首先，学校各方应群策群力，为学生创造良好的学习环境，如图书馆、自习室等场所，让学生在课余时间有自主学习的机会，让校园洋溢着浓厚的学习氛围；同时还可以利用现代校园网络创设学习平台，校园广播站、宣传栏等可作为课堂学习的辅助手段，推动学生综合素质的提高。其次，学校环境建设应体现出浓厚的人文氛围，如校园里的建筑物、道路等命名应反映时代风尚，具有积极向上的内涵。最后，学校应结合中华民族的传统节日、当地的历史文化，将社会主义核心价值观细化到学生职业素养培养中，使学生在参加活动中体会到团体合作与努力拼搏等精神。所有这些都可以让学生获得新的感知从而内化为拼搏向上的动力和良好的精神素质。

**4. 公共素质课程任课教师素质亟待提高**

由于公共素质课程承载着为专业课程服务、为提升学生综合素质服务的重要功能，以及课程自身的基础性、示范性、实践性，教师对学生职业素质的养成和发展具有重要作用，是使学生达到人才培养质量标准的教育主体，因此教师应具有较高的职业素质和人格魅力。教师应持有正确的学生观并热爱自己的学生，树立"以学生为本"的思想，在教学工作中应关注每位学生，了解他们的需求，熟悉他们的个性，进而挖掘学生的潜能，培养学生的自信。同时,教师自身应顺应时代发展,在专业学习上做到"精益求精"。

在教学中,教师应秉承这样的教学理念:尊重学生的自主精神和探索能力,为学生创造主动学习机会,授课过程中多采取讨论式、合作式等学习方法,让学生自己去发现问题、解决问题,锻炼学生的动手能力和动脑能力。高等院校教师教学能力是由教师个体基本能力、专业教学能力与本体核心能力构成的一个能力体。教师应用新的教学理念指导自己的教学,通过各种形式的培训、理论学习、与同行交流等来提高自己的教学能力。

在高职教育规模不断扩大的形势下,如何处理院校数量增长、办学规模扩大与高等院校培养的学生素质不高的矛盾,是目前摆在高等院校面前的首要问题。因此,如何构建高等院校学生素质教育培养体系是高等院校健康发展的必然趋势。[1] 我国教育先驱黄炎培老先生曾经说:"职业教育,将使受教育者各得一技之长,以从事于社会生产事业,借获适当之生活,同时更注意于共同之大目标,即养成青年自求知识之能力,巩固之意志,优美之感情,不唯以之应用于职业,且能进而协助社会、国家,为其健全优良之分子也。"高职教育培养的人才应具备较强的业务操作能力和实际动手能力,快速适应社会发展,适应企业和工作岗位需求,同时必须有良好的职业素质和可持续发展能力。公共素质课程应将培养、提高学生的综合素质作为始终追求的目标,并利用一切可能的教学机会和环节体现出来。

## 三、新时代高质量发展的必然要求

中华人民共和国成立以来,我国高等教育获得了长足发展,特别是改革开放以来,经济社会的飞速发展,为高等教育的规模化发展提供了坚实的基础。我国高等职业教育的从无到有,成为

---

[1] 石望东. 论高职院校学生素质教育培育体系的构建 [J]. 价值工程, 2014 (8): 281-282.

对世界职业教育发展的独特贡献。当前,职业教育体系升级趋势明显,总体规模稳定,外延发展进入瓶颈期,内涵建设正当其时,迫切需要高质量发展适应社会的需要。[1] 高技能创新人才是当代社会经济发展不可或缺的新型复合型人才,必须具有扎实的理论基础、优秀的实践能力、过硬的心理素质和与时俱进的创新思维。[2] 当前,我们一方面正处于国际金融危机的后危机时期,围绕市场、资源、人才、技术、标准等的竞争日趋激烈;另一方面也处于国家加快工业化、城镇化、信息化、市场化、国际化进程,加快推动传统产业转型升级,加快发展创新型经济,全面建设更高水平小康社会的关键阶段。国家制定的各种行业规划,都把促进经济发展方式转型、结构调整作为主基调,而支持这一系列产业转型升级的要素之一,就是迫切需要数量充足、结构合理的技能型人才特别是高技能人才作为支撑。工业如此,农业、服务业亦如此;传统产业如此,新兴产业亦如此;行业产业如此,区域经济亦如此。这一经济社会大环境,既对高等院校教育提出了新挑战,也对培养优秀高端技能型人才提出了新要求,更带给我们"顺势而为的新契机"。

刘延东指出,职业教育"要改变人才培养模式,实行工学结合、校企结合、顶岗实习,使行业和企业真正参与教育教学环节,促进职业教育与经济社会发展需求更加适应"。教育部原部长袁贵仁强调:"整合教育资源,改进教学方式,这是当前职业教育改革发展、改革创新的着眼点和着力点。整合教育资源包括多种形式,最主要的是整合学校和企业的资源;改进教学方式也包括多方面内容,最主要的是实行工学结合。这两点的核心是一个,就是推动学校和企业联合办学,实行校企合作。"第三届职

---

[1] 闫智勇,吴全全. 推进职业教育高质量发展正当其时 [N]. 中国教育报,2018-10-9 (11).

[2] 王苹,王雪敏. 三措并举,培养高职卓越创新人才:以浙江纺织服装职业技术学院为例 [J]. 浙江纺织服装职业技术学院学报,2019 (1):83-88.

业教育振兴论坛上，鲁昕副部长指出要"推进开展产教对话，以合作、对接、共赢为主线，形成职业教育与重点产业对话机制，着力推进职业教育与国家重点产业、教育链与产业链、职业教育与行业企业融合发展"。在国务院颁布的《国家中长期教育改革和发展规划纲要（2010—2020年）》中，首次明确"建立健全政府主导、行业指导、企业参与的职业教育合作办学机制，制定促进校企合作办学法规，促进校企合作制度化"。这将从政策的层面使校企合作成为"国家行为"，必将极大地改善校企合作的外部环境，为校企发展提供根本性的制度保障。

（1）高等院校要谋求自身的稳步发展，必须主动适应经济发展方式转变、产业结构调整和社会发展要求。当前，我国正处于从经济大国向经济强国、人力资源大国向人力资源强国迈进的关键时期，经济发展已步入转变方式、科学发展的新阶段。"十三五"时期，是我国全面建成小康社会的决胜阶段，是深化改革开放、加快转变经济发展方式的攻坚时期。转方式、调结构、促发展，对技能型人才和高端技能型人才的需求将日益强烈。特别是随着我国现代产业体系建设步伐的加快和社会工业化程度的提高，新一轮的产业调整升级，必将带来新的就业岗位、新的就业方向，带来对技能型人才和高端技能型人才等各方面的新要求。经济社会的快速发展及结构调整、产业升级的新举措，将为高等职业教育的专业建设、人才培养提供更加广阔的舞台和新的发展空间。这也将是高等院校加快发展（肯定是不同于上一个10年"量"的扩充的发展）的一个难得的历史机遇，高等院校是否能够实现自身的稳步发展、高职教育能否真正实现引领职教科学发展，成为构建中国现代职业教育体系的排头兵、主阵地和中坚力量，主要取决于高等院校适应国家经济发展方式、产业结构调整和社会发展要求的程度，这是高等院校发展必须解决好的一个历史契合点。当然，在这一主动适应过程中，高等院校可根据自身不同的办学实际和办学目标定位去适应不同的区域经济社会发展、不同的行业企业产业，甚至不同的职业岗位和特定社会群体。差异化的适应，避免办学的趋同化和同质化，是高等院校彰显办学特色的路径之一。

（2）高等院校要谋求自身的稳步发展，必须主动适应体现终身教育理念、满足社会成员因就业择业接受继续教育、建设学习型社会的需要。高等职业教育应该也必须体现终身教育理念，这是构建中国特色职业教育体系的基本内涵之一。职业教育从本质上讲，其功能目标就是要做到使"无业者有业，有业者乐业"，要做到"有业""乐业"，除了要有社会需求提供的职业岗位之外，另一个很重要的方面就是求职者需要具备职业岗位所需要的职业能力，而职业能力获取的途径就是学习。"授之与鱼，不如授之与渔"，如果职业教育在教会了学生所需要的职业技能的同时，又教给了学生一套适合他们自己的自主学习方法，养成了不断学习的良好习惯，这将比学生单纯地掌握某项技能更为重要。就我国目前的整体教育现状而言，在各个层面的教育过程中，考核评价的方式还是考分至上占主导地位，"唯分数论"观念根深蒂固，能力本位的观念和素质教育的理念还相对薄弱，再加上"学而优则仕"的传统思想的影响，系统接受职业教育的群体，基本上是在同年龄段的人群中学习领悟力发育相对缓慢，对自主学习重要性的认识相对模糊，整体学习能力相对较弱的人员。职业教育面对这一主流群体，教育和培养他们的学习自信心，教会他们学习的方法，帮助他们树立终身学习的理念就显得更为迫切和实用。要培养爱岗敬业的职业精神，培育先进的高等院校的校园文化以影响社会，让"行行出状元"的职业人的"螺丝钉"精神为社会普遍接受和认可，职业教育在实施过程中体现终身理念就显得十分重要。如果职业教育培养的学生，学习能力有了提升且具有不断学习的兴趣和愿望，能够做到持之以恒、代代相传，形成一种文化现象或人们精神层面不可或缺的需求，学习型社会的建设也就有了坚实的基础。

（3）高等院校要谋求自身的稳步发展，必须主动适应高等、中等职业学校培养的技能型人才接受高端技能教育、继续向高层次学习深造的需要。在我国目前的职业教育体系中，已经有了中等和高等职业教育两个层次，这两个层面的职业教育，构成了目前我国职业教育的主体。要构建现代职业教育体系，保证中等和高等职业教育协调发展是其重要内容之一。高等院校要谋求自身稳步发展，就必须积极主动思考并实践与中等职业教育的有效衔接问题，要在专业对接、教学内容对接，特别是学生的学习能力提升、职业素养提升等对接上创新，真正满足中职学生接受优质高等职业教育"深造"的需要，否则，简单的学历提升，将会使"衔接"丧失生命力，协调发展也将难以做到。同时，高等院校还要积极创造条件，提升自身的办学实力，积极探索高端技能型人才专业学位的培养制度，以满足受教育者对能力提升和社会对高端技能型人才的需要。

# 第三章 新时代高等院校发展存在的问题

高等院校转型发展是一场艰巨的战争,是对传统发展模式的革命,也是对现有弊端的纠错,因此,高等院校转型发展要经受传统发展转型的阵痛,必须要有勇气和决心接受社会的挑战。

**一、高等院校招生竞争中的社会公平问题**

教育部2019年2月26日举办新闻发布会介绍,2018年全国有975万考生参加高考,普通本专科招生790.99万人,总体录取率达到81.13%,其中,普通本科招生422.16万人,普通专科招生368.83万人。2018年湖南省共有高考考生45.18万人,除保送生、高职院校单独招生等提前录取的考生外,全省实际参考考生为38.28万人,本科高等院校录取总人数为16.84万人,本科录取率为37.3%,高职专科录取新生20.2万人(不含五年制高职教育招生人数)。

随着我国高等教育招生规模的逐步扩大,高等教育大众化的目标得以实现,中国高等教育进入大众化发展阶段,加上高等教育的"社会中心化"使各阶层教育受众对高质量、高层次、高水平的教育需求急剧增长,高等教育公平问题日益突出。在构建和谐社会的进程中,只有从制度层面不断剥离高校招生中不公平的毒瘤,均衡教育资源,才能实现高等教育入学机会由"量"的公平到"质"的公平的蜕变。[1]

高校招生制度中的起点公平和机会公平是教育公平最直接的反映,也是高等教育公平中最核心的问题,其客观要求是排除阶层、地域、经济等因素的影响,使个体需求和群体公平在高等教育入学机会中寻找一个平衡支点,使全社会的人员结构和地位层次正常流动、变迁和分化,实现政治秩序、经济秩序、文化秩序的动态协调,最终实现高等教育大众化发展阶段"量"积累基础上的"质"变的目标。[2]

### (一)招生"本地化"对外地考生不公平

目前来看,我国普通高校的招生指标分配还存在很大的地域歧视现象,"招生本地化"问题严重。特别是重点院校或名校的省级配额制度带有明显的计划色彩。例如,北京、上海等重点高校分布密集的大城市对本地考生实施优惠政策,增加招生指标,降低本地高考招生录取分数线,导致分数线"地域化",这种不合理、不公平的高校招生方式使各个地域录取标准不一,录取差异较大,增加了重点院校密度小、经济欠发达地区考生进入重点高校的难度,背离了教育公平的初衷和原则,使各地涌现出大量"高考移民"。[3] 解决属地招生过多的问题,其实质是解决长期被社会所诟病的教育公平问题。让招生政策向西部和欠发达地区倾斜,是为实现高等教育资源均衡发展而提出的要求。

### (二)统一的招生考试掩盖了地区差异造成的入学机会不均

我国现行的高考招生制度具有全国统一的标准和要求,它简洁高效,命题严密,答案统一,便于全国各地同时操作。这便从技术上保证了高校招生的公平性,为所有参加高考的学生提供了一个公平竞争的平台,也为高等院校录取新生提供了一个十分有效

---

[1] 龙宇航,靳鹏. 教育公平视域下普通高校招生问题的理性思考 [J]. 长春工业大学学报(高教研究版),2013(6):31-32.
[2] 同[1].
[3] 同[1].

的途径。由国家统一主持的这种大规模考试,无论是在经济效益上还是在考试的科学性和权威性上,都比各校单独招生更高。它不仅为国家节省了大量的人力、物力、财力,而且为考生提供了经济、便利的报考条件。统一高考、分数面前人人平等,表面看来完全符合公平原则,但其中隐藏着一些潜在的不公平。它只涉及教育结果这一事实的平等,却并未考虑到造成分数差异的经济、文化、制度等更深刻的根源。学生的知识、能力和优良的思想品德都是在后天的教育教学和社会实践中通过学习训练而形成的,这就不得不受其生存环境的影响。那些出生在经济欠发达地区和家庭的孩子,由于教育、学习条件所限,即使加倍努力,也不一定能获得高分。即便获得了高分,由于招生数量或指标所限,也不一定能考入高校。这就造成了他们在与经济优越地区的学生竞争时处于劣势地位。因此,高考分数面前人人平等的原则并不总是公平的。它采取唯分录取学生的方式,首先制定一个全国统一的分数线,然后在此基础上,不同地区又划分出各自的统一录取标准或分批次录取分数线。可见,统一考试、统一录取对不同学习经历与背景的考生不具有适应性和公平性。[1]

**(三) 高等院校之间无序的招生竞争危害高等教育的健康发展**

高等院校之间适当的招生竞争有利于我国高等教育的创新发展,但是,过度的招生竞争会危害我国高等教育的有序发展。

其原因有以下几种:

(1) 劳民伤财增加办学成本。非正常竞争必然会造成高等教育的办学成本,造成一些不必要的资源浪费。

(2) 造成一些同水平的高等院校互相伤害的恶性竞争,有的同水平高等院校互相揭短,严重损害了高等院校的形象。

(3) 滋生买卖生源和招生腐败问题,有的中学教师趁机把学生去哪个学校当成生意来做,看哪个学校的招生补助高就推荐学

---

[1] 梁水芹. 对我国高校招生公平与效率问题的理性思考 [J]. 世界教育信息, 2007 (7): 64-67.

生去哪个学校，不顾学生的前途，把学生往高价高等院校推荐，尤其是投资较大的某些民办院校。

（4）滋生职业招生贩子影响高等院校形象。职业招生贩子一般会冒充高等院校教师、领导，欺骗不明真相的学生（尤其是高考成绩没有过投档线的考生）和家长，在收取定金后，有的招生贩子甚至卷钱逃跑了，这种行为严重影响了高等院校招生的声誉。

**（四）高等教育招生考试的顶层设计缺乏科学性**

在高等院校招生大战中，学生、家长没有受益，高等院校没有受益，对社会产生的影响越来越恶劣，这种情况不利于国家的人才培养。扭转这种局面需要高等教育顶层设计、社会、高等院校、学生与家长的共同努力。2014年6月23—24日，在北京召开的全国职业教育工作会议上，党和国家最高领导人习近平提出了我国职业教育发展的"顶层设计"：努力培养数以亿计的高素质劳动者和技术技能人才，深化体制机制改革，创新各层次各类型职业教育模式，坚持产教融合、校企合作，坚持工学结合、知行合一，引导社会各界特别是行业企业积极支持职业教育，努力建设中国特色教育体系。在体制机制改革方面，职业教育顶层设计应对办学的准入制度、培养目标严格规范，对职业教育结构安排要科学合理，对课程体系、招考制度、发展前途要做出清晰规定，对质量管理和监控要有效跟进，以减少职业教育办学的盲目性、利益驱动性、教学无序性、质量随意性。高等院校应摒弃短视，放眼长远，切切实实抓好教学质量，把精力放在转变办学模式、紧抓内涵建设、提高教学质量、走特色发展之路。高等院校要以自己的声誉和品牌赢得社会的认可进而吸引优秀生源。教育专家熊丙奇认为，高等院校靠"招生大战"抢生源已经给有关各方亮起了警灯。要想争取更多生源，必须沉下心来老老实实提高教育质量，培养特色专业、优势专业，增强自身的吸引力。

## 二、高等院校学生"手机症"凸显的学风问题

笔者在 2017 年下学期和 2018 年上学期带领学生做的代表性调查发现,高等院校教育中面临着一个共同问题——学生"玩手机",这个问题成为高等教育管理的一大难题。我们抽取了湖南较有代表性的 10 所高等院校进行系统的问卷调查和访谈,在高等院校学生玩手机问题的现状、成因、对策等方面获得了非常有益的数据,并对问题进行了相应的探讨。

### (一)调查缘由与说明

随着手机的普及和网络信息时代的快速发展,大学生对手机的依赖程度越来越严重,有的甚至发展为"手机依赖症",对高等院校学风产生不良影响。[1] 手机和信息网络在中国的快速普及给学生使用手机提供了有利条件,现在的高等院校学生手机使用率几乎达到100%。手机功能的强势发展让学生无法抵挡其诱惑力,许多学生的学习和生活已经无法离开手机。这一问题的主要表现有:学生上课忘带手机就会心神不宁甚至请假去宿舍拿;学生在上课时习惯查看手机信息,隔几分钟就打开手机看时间,情不自禁偷偷玩游戏或使用社交软件或看小说/电影;学生晚上不想睡觉,早上不能按时起床。在本调查中,学生这种离不开手机的状态被称为"手机症",更为严重的问题是学生根本没觉得自己患上了"手机症",而且就算知道自己患了"手机症"也无所谓。

### (二)高等院校学生患"手机症"的种种表现

"手机症"是笔者自己针对学生对手机的种种依赖而命名的,这个名称不推广也不做扩展研究。

本次调查选取湖南 10 所高等院校为样本对象,进行问卷调查和访谈,共发出调查问卷 1 600 份,收回有效问卷 1 540 份,有效问卷率为 96.25%。在参与调查的 1 540 名学生中,男生 986

---

[1] 郭华,杨少龙."手机依赖症"对高职院校学风的影响及其对策 [J]. 郑州铁路职业技术学院学报,2015 (3): 62-63.

人，占 64.03%，女生 554 人，占 35.97%；其中大一年级学生 680 人，占 44.16%，大二年级学生 860 人，占 55.84%；文科生 468 人，占 30.39%，理工科生 1 072 人，占 69.61%；从生源地来看，1 246 人来自农村，占 80.91%，294 人来自城镇，占 19.09%。调研人数各项比例如表 3-1 所示。

表 3-1 调研人数各项比例

| 变量＼项目 | 数量/人 | 百分比/% |
|---|---|---|
| 男生 | 986 | 64.03 |
| 女生 | 554 | 35.97 |
| 文科生 | 468 | 30.39 |
| 理工科生 | 1 072 | 69.61 |
| 大一年级学生 | 680 | 44.16 |
| 大二年级学生 | 860 | 55.84 |
| 农村学生 | 1 246 | 80.91 |
| 城镇学生 | 294 | 19.09 |

**1. 在手机上耗费的时间多**

对于"你一天花在手机上的时间大概有几小时？"的答案颇有些惊人，选 2 小时或 2 小时以下的学生占 7.6%，选 2~6 小时的学生占 24.7%，选 6~8 小时的学生占 56.9%，选 8 小时以上的学生有 10.1%。另外，自己填写时间的学生占 0.7%，在自己填写时间的学生中，有个学生填写了 16 小时（说明文字是：人睡着了，手机抓在手上，耳机插在耳朵里，闭目听音乐），有个学生填写了 24 小时（并附有调侃文字：人在机在，人亡机在）。从以上数据可以看出，一天中花在手机上的时间超过 6 小时的学生占到了 67.7%，如果按照正常的学校作息时间，学生的课余时间不可能有 6 小时或更多，所以，学生在课堂上的部分时间也花在了手机上。

**2. 上课玩手机的绝对数量大**

面对"你上课玩手机吗?"这个问题,选择"玩"的学生占58.7%,选择"偶尔玩"的学生占36.4%,选择"不玩"的学生占2.3%,选择"控制不住的时候玩"的学生占2.6%。上课会毫不犹豫玩手机的学生占到了多半,这个数量是极大的。虽然设置问卷时并没有设置一堂课到底是"自始至终玩"还是"玩一下马上回过神来",或是"边听边玩""听课没意思时玩",但还是完全可以看出上课玩手机的问题已经很严重了,而且人数之多令人担忧。

**3. 上课不带手机心情无法平静**

面对"上课没带手机,你的反应是什么?"这个问题,选择"平静,无所谓"的学生占9.4%,选择"不自在,总觉得少了什么"的学生占53.6%,选择"很失落,心情无法平静"的学生占25.2%,选择"倒霉,下课赶紧去拿"的学生占11.2%,选择"不行,我会请假去宿舍拿"的学生占0.6%。由此可以看出,大多数学生上课时离不开手机,手机会引发他们的心理和情绪反应,而且这种反应表达的是对手机的依赖。

**4. 在手机上看的内容多与功课无关**

面对"除了必需的电话、短信外,我们看手机的内容还有什么?"这个问题,选择"看新闻或图片"的学生占21.3%,选择"用社交软件聊天"的学生占25.6%,选择"玩游戏"的学生占30.7%,选择"看小说"的学生占15.4%,选择"抓狂,点开什么看什么"的学生占7%,还有3位附有说明:偶尔查找急需的资料、接收文件、有问题就用网络搜索答案。由此可以看出,虽然手机功能如此强大,手机的功能加上网络的覆盖,在信息世界几乎无所不能,但是学生没有让手机为自己的学习服务,学生所看的内容几乎与课业无关。

**5. 手机魅力大于课堂教师的魅力**

面对"课堂上,老师讲得兴致勃勃,电话来了,你听老师的还是听手机的?"这个问题,选择"毫不犹豫接电话"的学生占18.7%,选择"躲躲闪闪接电话"的学生占42.3%,选择"挂了电话,下课回拨"的学生占10.4%,选择"偷偷溜出教室接电话"的学生占12.7%,选择"回复短信"的学生占15.9%。上课不接电话的学生只占26.3%,其余的学生都会接电话,虽然是用直接或间接方式接电话,校规、班规也都有"上课手机关机或调为振动"的要求,但现实是上课接听手机的现象很严重,"毫不犹豫接电话"这个答案表明学生的潜意识里没有上课纪律的约束,或者是对手机声音的刺激形成了"条件反射"。

**(三) 高等院校学生患"手机症"的成因探析**

手机功能强大之后,带给人们的便利多了,但手机占据人们的时间和精力也多了。对于自控力比较差的高等院校学生而言,手机成了割舍不下的"痛",究其原因,有外因和内因两种。

**1. 外因**

(1) 手机使用普遍、功能强大且诱惑力大。现在高等院校学生的手机使用率几乎达到100%,有的学生不止1部手机,而是有2部手机或多部手机,还配有充电宝。由于手机功能日趋丰富,其功能不但可与计算机媲美,而且比计算机更便携,在使用时间和空间以及自由度上都比计算机有优势。尤其是现在智能手机应用软件层出不穷,甚至"只有想不到,没有做不到"的功能,手机软件开发者可以根据用户需要发挥主观能动性,需要什么就有什么,用户一不留神就有了更新内容,用户又要紧随手机更新的步伐。2007年,划时代的苹果手机开启了智能终端时代,人们清晰地看到移动互联网与智能终端已经融入了日常生活,人们从睡醒睁眼到睡前闭眼,每天第一个和最后一个"说话"的对象都是手机。

(2) 社会环境与氛围的影响。德国召开的一场数码科技会议公布的数据显示,2013年全球共有18.3亿部智能手机,每位手机用户平均每天查看手机150次。2019年3月14日,巴塞罗那世界移动大会（MWC Barcelona 2019）指出，截至2018年年底，全球共有51亿人使用移动服务，占全球人口的67%。工业和信息化部无线电管理局（国家无线电办公室）发布的《中国无线电管理年度报告（2018年）》显示，2018年我国净增移动电话用户达到1.49亿户，移动电话用户总数达到15.7亿户，移动电话用户普及率达到112.2部/百人。因此，手机的不利影响不仅仅是带来了大学生"手机症"问题，而且已经成为一个普遍的社会问题。

（3）课堂管理宽松。高等院校教育大多追求短、平、快，主要考虑的是对接岗位就业，对于学生的系统学习则没有相应的要求。有些学生的学习基础、知识结构和知识体系比较差，在上课时听不懂教师讲的内容。比如，有的学生在课桌上刻字："哥上的不是课，是寂寞。"教师难以改变学生听不懂课的现状。在课堂管理上，也会出现"有令不从、有禁不止"的现象。学生的兴趣发生转移，手机的吸引力大，使教师管理课堂的难度加大。正如有个学生说道：在动手做事情的时候，投入具体的流程里，可以忘记手机，进而不玩手机；但在课堂上，不玩手机是不可能的。

**2. 内因**

（1）攀比心理促使"玩风"成形。现在的高等院校学生大部分是"00后"，在市场经济体制下成长起来的学生，自我意识强，消费观念不再仅仅是为了满足需要去消费物品的使用价值，而是更加注重消费物品的象征价值。在学生群体中，学生已经把手机消费看作时尚风潮，是他们展现个性、表达前卫的一种工具，手机品牌、网络、游戏、小说、社交软件都是他们日常生活谈论的话题，是他们紧跟时代的象征。学生大多不想让自己落后，否则会跟不上群体的共同语言。有个学生说道："老师，你连 LOL 都不懂，太 Out 了。"可见他们生怕自己被"Out"，因此他们看的、玩的，都在追求前卫。

（2）在虚拟世界寻找自己的存在感或优越感。部分学生常常以自我为中心,或是因为自卑,不喜欢主动与人面对面沟通交流,找不到存在感,而手机的交流方式具有匿名性,于是在网络上寻找虚拟的朋友以躲避现实的孤独感。部分学生为了逃避现实的竞争和压力,在虚拟世界寻找精神力量,比如看魔幻小说、看休闲电视剧。玩游戏虽然在学生看来是一种放松的形式,但它其实是一种放纵,现在的游戏层出不穷,适合学生"胃口",游戏世界削弱了学生直面现实的勇气和激情。

(3)物欲享受思想比较严重。很多学生虽然知道父母打工供自己读书很辛苦,但自己害怕吃苦、不想吃苦,而父母希望自己的孩子能过上轻松愉快的生活,宁可自己吃苦也不愿让孩子吃苦,没能培养他们吃苦耐劳的品德,所以学生的理想和现实往往是冲突的。他们对前途感到迷惘,缺乏正确的追求。再加上市场经济的负面效应引发学生对金钱的崇拜,他们希望金钱随手可得。

**(四)治理学生"手机症"、扭转学风需要多管齐下**

(1)整治网络游戏环境和空间。网络是一把双刃剑,运用得好,可以为使用者服务,使他们获得大量信息、知晓天下;运用不好,使用者整天吊在网上神游不知所归,该做的事情没做、吃饭睡觉没有规律,筋疲力尽,根本学习不好。校园局域网应该管控网络开放时间和空间,屏蔽课堂网络信号,晚上准时断网断电。客服终端服务提供商应该从良心和道义出发,过滤不良信息,尽量截获有害无益的信息,不让麻痹诱惑学生的游戏泛滥。全社会应共同营造一个健康积极的社会环境和生活环境。有的学生说道:主要是网络的原因,手机不联网就只能接电话、发短信,联网了就控制不住自己想玩手机。

(2)加强课堂有效管理。在问卷中,面对"进教室带书吗?"这一问题,选择"经常带书"的学生占8.5%,选择"偶尔带书"的学生占20.4%,选择"依老师而定"的学生占31.7%,选择"不带书"的学生占39.4%。在与学生的访谈交流中,当问到"为什么带手机不带书?"时,学生说,"手机的世界比书大得多"

"老师不讲书上的""反正我听不懂带书没用""书在胸中"。有的高等院校在努力寻找办法让学生带书,比如系部与辅导员督促、班干部检查、学生会抽查登记等。有的高等院校讲台旁的墙上挂有手机袋,要求学生把带到教室的手机主动放到讲台前的手机袋里保管。课堂管理要实现"令行禁止"。

(3) 建设积极向上的学风和群体关系。部分学生的理想、目标观念淡薄,关心的只是挣钱的门路,继续深造的激情不高。当访谈时问到"为什么花很多时间在手机上?"时,学生回答:手机的吸引力太大了,玩手机能忘记生活中的不愉快。优良的学风很重要,那种在学习中寻找乐趣、寻找自信、寻找优越感的情状是积极向上的。一个群体的影响是巨大的,随便混混的思想作崇造成学生的消极情绪,加剧了"手机症"现象。有的学生说,他们不断被同化、不断堕落,在手机里逃避现实。因此,高等院校必须加强学风建设,用积极向上的力量引导学生健康成长。

(4) 创新第二课堂活动,强化人际交流。加德纳于1983年在《智力的结构》一书中提出,每个人至少有七种智能,即语言智能、音乐智能、身体运动智能、人际关系智能、自我认识智能、数学逻辑智能、空间智能。后来他又在原基础上提出了第八种智能,即自然观察智能。高等院校可以充分利用第二课堂活动让学生发挥智能,引起学生兴趣,加强人际交往,激发学生潜能,让学生找到存在感、成就感、满足感,这样学生就不会惦记手机了。书画、摄影、音乐、舞蹈、环保、义工、球类、专业协会、志愿服务等都是很好的活动,关键是这些活动能发挥积极作用。有些高等院校正在尝试创新:把第二课堂所有活动项目全部导师化,所有的教职工都是导师,所有的学生必须参加导师制活动,选取自己喜欢的项目。学校对导师制活动要规范管理、监督活动的开展实施。导师所带的全部是10~20人的小团队,这种小团队有利于集中管理和定期开展活动,有利于团队成员之间的相互沟通和交流。

## 三、高等院校自身发展的四大危机

近年来,在各方面的共同努力下,我国高校教育有了突飞猛进的发展。但是,在一些经济欠发达省份,高等教育的发展仍然相对滞后,整体实力较弱、竞争力不强,还不能真正适应社会、经济发展对人才的需求。在复杂多变的社会环境下,高等院校不可避免地会遇见各种各样的危机,潜在或已经发生的校园危机都要求高等院校管理者把握时机、积极应对。构建切实可行的高等院校危机预警机制是高等院校应对危机的起点和良策,这对于消除校园危机诱因、减少危机造成的损失具有重要作用。[1]

### (一)定位不准,存在特色发展危机

当前,高等院校都追求"双一流",偏重学术性发展,明显忽视了对学生的职业定位。事实上,我国大部分学生毕业后都是需要就业的,都必须有职业定位,但是占高等教育半壁江山的职业技术院校并未重视职业定位,许多职业技术院校还在用"专升本"诱导学生。因此,完善我国高等教育的定位非常重要。当前,要突出做好高职院校的定位,引导高职院校和地方本科院校的职业化转型。在这项工作过程中,高等院校主要存在以下问题:

**1. 找不准自己在高等教育体系中的位置**

一所高等院校只有准确定位,找准自己的发展目标和战略重点,才能形成特色和优势,在竞争中立于不败之地。目前,高等院校教育在定位中有三种倾向值得特别关注:

(1)办学定位的偏差。有些地方高等院校偏重学科型教育,无论在管理上还是在教学上,都想模仿本科教育,包括使用的教材在内,把高职教育办成了本科教育的"压缩饼干"。

(2)目标定位的偏差。有的高职院校过分追求"专升本"的升学率,把教学要求和追求目标偏重于确保少数学生的"专升

---

[1] 崔敏.高职院校危机预警机制的构建与实施[J].太原城市职业技术学院学报,2012(5):20-21.

本"升学率上，有的高职院校依靠少数精英参与技能竞赛拿奖来提升学校知名度，部分高职院校把此作为最大的追求和提升自身竞争力的最佳途径。

（3）人才培养定位的偏差。不少学校没有很好地切合经济建设与社会发展的需要，在人才培养模式方面、专业设置上缺乏针对性，盲目跟风。据不完全统计，目前某省高等院校953个专业中，有369个专业的开设未经市场调研，占专业总数的38%。这样一来，培养的人才在就业市场上的竞争力就不够突出，造成就业困难、生源下降，办学出现艰难局面。特色是高等院校存在的关键，缺乏特色，就存在潜在的发展危机。

**2. 社会对高等职业教育认识不足**

其一，不能真正明白高职教育的内涵，将高等职业教育与普通高等教育混为一谈，按照学术教育的模式进行教学工作，没有把高等职业教育作为培养大国工匠的摇篮，高职院校甚至还想着升本科院校。其二，由于我国传统文化的影响，对职业教育的认识并未达到应有的高度，鄙视职业教育的现象随处可见。人们往往把高等教育视为获得某种身份与地位的手段，把高等教育当成终极教育，大部分家长不愿意让子女接受职业教育。在政策上，职业教育也远未得到应有的关照。于是在实践中高职教育主要被作为缓解普通高中升学压力的有效措施。由于认识不到位，造成有条件的高等学校不愿办职业院校、学习基础较好的学生不愿就读高职院校、家庭条件不好的学生读不起高职院校的困境，高等职业教育真正的教育功能未能得以很好地显现。

**3. 高等院校体系对职业教育认识不足**

主要表现为对办学定位概念模糊。高职教育的准确办学定位是共生存的基础。当前，高职教育在定位上的偏差主要表现在三个方面：第一是偏重学科型教育，无论在教学计划、教学模式还是课程体系上基本沿袭普通本科院校的做法。第二是盲目追求升格。一些高职院校不安心本层次的办学，从兴办时就把尽快升格为本科院校作为最大的追求，即使教育部明确规定不准升本科，有些高职院校还暗度陈仓，把升本科作为重要的教育目标，靠"学历"救校。

### （二）硬件设施跟不上，转型资源不足危机

高等院校担负着培养社会急需的高技能型人才的任务，根据高等院校教育的这个特点，对仪器设备的更新、生均占有量要求较高，也需要一定的实训基地。但近年来，随着高等院校规模的扩张，大部分高等院校不但原有的办学设备（如校舍、教学设备、图书资料等）已严重不足或呈老化趋势，而且在实验仪器设备方面，从近五年的统计数据来看，除个别对实验仪器设备本身有特殊要求的院校外，其他高等院校的生均仪器设备一直处于下降的状态。特别是一些地方支柱产业和急需发展产业所管辖的高等院校，因行业经费不足，无法承担向所辖高等院校投入足额的设备更新改造费用，致使这些高等院校的生均实验仪器设备使用额一直处于低迷状态。较之1999年，某省高等院校生均仪器设备占有额由0.38万元下降到0.22万元，下降42%。2003年，机械行业生均实验仪器设备使用额仅为0.18万元，远远低于国家规定的0.40万元的标准。另外，高水平的实训基地是高等院校教育办出特色、实现人才培养目标不可或缺的重要条件。目前，高等院校大都存在不同程度的实训基地数量不足、设施设备陈旧、技术含量不高等问题。尽管不少院校已经在想方设法改变现状，但由于基础薄弱和资金不足，改造与提高的任务显得力不从心。这与办出具有特色的、高质量的高等院校教育，培养掌握高新技术的应用型专门人才的要求极不相符。

有些高等院校是由中专升高职，大专升本科，一般本科升重点，这种发展存在先天条件不良的问题。在现有的高等职业院校中，主要是由原来的中等专业学校单独改制或中专学校与专科学校或职工大学合并改制形成的。少数为专科学校或干部管理学校转制和集团公司及民办企业资金投资创办。这种状况造成我国高

等院校职业教育在办学上困难重重,如生源的严重不足与学生整体素质偏低、教育体制的僵化、教师队伍结构专业能力的非专业化、校舍与办学设备的陈旧与落后、与时代发展极不相符等。

从1999年至2006年,在短短的7年间,湖南已建成独立设置的高职学院60所,高等职业教育的学校数占全省高等教育的66%。2003年,湖南高职高专招生13.7万人,占高等教育招生数的57.4%,比全国52.2%的比例高5.2个百分点;高职高专在校生人数28.7万人,占高等教育的45.5%;全省每1万人中有高职高专在校生43.1人,高于全国平均37.1人的水平。2004年,高等职业教育招生11.2万人,比2003年增长14.3%。高等职业教育的发展,有效地改变了湖南高等教育类型结构单一的状况,有力地促进了高等教育大众化的进程。但是,在高等职业教育迅速发展的形式下,许多学校的软硬件设施都跟不上,有的甚至是学生招来了,教师还在招聘中,宿舍还在建设中。2002—2006年普通高校本专科发展情况如图3-1所示。

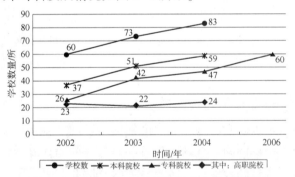

**图3-1 2002—2006年普通高校本专科发展情况**

资料来源:湖南教育事业统计年鉴

2017年年末湖南有普通高校109所。其中本科院校36所,专科院校7所,高职院校66所,本专科毕业生33.3万人。生师比未达标的学校有16所,生均教学行政用房面积未达标的学校有25所,生均纸质图书未达标的学校有12所,生均教学仪器设备值未达标的学校有4所。其中，两项指标未达标的学校有7所，三项指标未达标的学校有6所。按照合格标准进行测算，生师比未达标的学校有87所，硕士及以上学位未达标的学校有1所，生均教学行政用房面积未达标的学校有83所，生均纸质图书未达标的学校有85所，生均教学仪器设备值未达标的学校有21所。其中，两项指标未达标的学校有30所，三项指标未达标的学校有45所，四项指标未达标的学校有16所。1999—2003年湖南高职院校生均实验仪器设备占有额如图3-2所示。

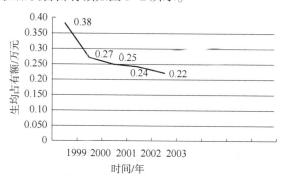

**图3-2　1999—2003年湖南高职院校生均实验仪器设备占有额**
资料来源：湖南教育事业统计年鉴

**（三）师资结构不合理，优质师资短缺危机**

目前，高等院校教育教师队伍结构不合理主要表现在三方面。一是教师数量严重不足，师生比拉大，教师教学任务重，无法以更多的精力顾及自身素质的不断提高，在一定程度上严重影响了高等院校的办学水平和教学质量的提高；二是基础课、专业课、实践课教师比例不均衡，具体表现为基础课教师较多而专业课、实践课教师不足；三是在教师队伍结构中，外聘教师在专任教师中所占的比重较大，甚至有部分民办高等院校专任教师中外聘教师的比重达到了60%以上。外聘教师的存在是把双刃剑，一方面外聘教师可以弥补本校师资力量不足，在学校资金紧张的现状下也可以节约一部分资金；但另一方面，造成了教师流动性过大、师资队伍不稳定,这也是影响教学质量的一个重要原因。

在高等院校教育师资队伍中,合格的双师型教师数量不足,尤其是缺乏教育基础理论知识扎实、技术技能较强的能真正适应高等院校教育发展的教师。这是我国高等教育发展的一个至关重要的问题,这个问题不解决就不能将高等教育办出特色来。

### (四) 政府对非重点高等院校投入不足的可持续发展危机

高等院校近年来发展迅猛,但经费投入总体规模偏小,加之各种社会资金调动不足,难以满足高等院校规模的扩大和质量的提高。1999—2003年,湖南独立设置的高等院校由8所增加到了42所,增加了425%,在校生人数由11 280人增长到138 626人,增长了1 129%,具体如表3-2所示。尽管各高等院校近年的财政教育拨款也有所增加,但金额增加的主要原因是高等院校数量增加。从高等院校生均教育拨款情况来看,除2000年较1999年增长31.35%外,2001年、2002年、2003年均较上年有较大幅度的下降,其中2002年下降幅度最大,达到了46.71%。

表3-2  1999—2003年高等院校经费拨款情况统计

| 年度 | 数量/所 | 在校学生数/人 | 教育经费拨款总额/万元 | 生均拨款额/万元 | 生均教育经费拨款增长/% |
| --- | --- | --- | --- | --- | --- |
| 1999 | 8 | 11 280 | 4 616 | 0.409 2 | |
| 2000 | 13 | 23 203 | 12 472 | 0.537 5 | 31.35 |
| 2001 | 22 | 43 680 | 18 029 | 0.412 8 | −23.20 |
| 2002 | 26 | 89 351 | 19 658 | 0.220 0 | −46.71 |
| 2003 | 42 | 138 626 | 25 592 | 0.184 6 | −16.09 |

(资料来源:陈华,湖南高校教育发展速度、规模与若干问题研究课题阶段成果)

另外,从高校办学经费的来源来看,主要有两方面。一是政府的财政拨款,二是学生的学费收入。在这两方面中学费的收入所占的比重比较大。高职院校将学费收入作为办学的主要收入,具有一定的不确定性、风险性,这种性质一方面迫使高职院校为了生存发展不得不花费大量的人力、财力在招生上;另一方面造成高职院校无暇顾及提高学校的办学质量。这也是为何高职院校是压缩型本科院校的一个主要原因。1999—2003 年高校办学经费来源构成情况如表 3-3 所示。

表 3-3 1999—2003 年高校办学经费来源构成情况

| 层次<br>年度 | 财政拨款占经费收入的比重/% | | | 学费收入占经费收入的比重/% | | |
| --- | --- | --- | --- | --- | --- | --- |
| | 本科 | 专科 | 高校 | 本科 | 专科 | 高校 |
| 1999 | 63.10 | 54.04 | 35.42 | 17.18 | 34.51 | 62.07 |
| 2000 | 43.12 | 43.07 | 29.80 | 29.56 | 39.83 | 41.04 |
| 2001 | 43.35 | 27.14 | 33.16 | 28.84 | 48.82 | 55.74 |
| 2002 | 43.71 | 27.31 | 29.39 | 18.70 | 59.30 | 58.72 |
| 2003 | 44.92 | 26.30 | 18.20 | 33.27 | 67.25 | 56.08 |

(资料来源:陈华,湖南高校教育发展速度、规模与若干问题研究课题阶段成果)

2006—2016 年,湖南省高等教育生均经费指数呈现明显的下降趋势,从 2006 年的 0.89 下降至 2016 年的 0.37,均值为 0.53,显示湖南省高等教育生均经费的增速低于同期人均 GDP 的增速。而生均公共经费指数在 0.2~0.4 上下波动,均值为 0.27。[1]

---

[1] 卢瑜.高等教育经费投入的实证分析:以湖南省为例[J].中国高等教育评估,2018(3):14-18.

# 第四章
# 高等院校转型发展的目标方向

转型发展是高等院校发展的内在要求,也是新时代的发展需求,新时期转型发展的方向与目标也必须顺应时代的要求、切合高等院校的特点。目前,在高等院校转型发展规划制定上仍处于摸索、尝试阶段,从组织、制定到评估都没有形成规范和完整的体系。[1]

## 一、精细化:培养具有工匠精神的时代人才

精细化理念源于管理学,科学管理之父泰勒最早提出了精细化管理思想。较早用精细化做企业管理的是20世纪50年代的日本,精细化管理是一种以最大限度地减少管理所占用的资源和降低管理成本为主要目标的管理方式。

老子曰:"天下大事必作于细。"中国宋代教育家朱熹也曾说:"言治骨角者,既切之而复蹉之;治玉石者,既琢之而复磨之。治之已精,而益求其精也。"可见精细化思想在中国同样自古就有。精细化是一种意识、一种理念、一种认真的态度、一种负责任的行为、一种敬业精神,是提高大家对看似简单、随意的事情的重视度,把工作精心做细。

高等院校教育精细化,就是在高等院校教育过程中,将教书

---

[1] 杨剑静. 新常态下高职院校发展规划制定对策研究[J]. 中国职业技术教育, 2017(6):83-86.

育人、管理育人、服务育人的每个环节做精做细、做到位、做成一种常规坚持的工作理念和工作方式。教育精细化的宗旨是"精心工作、细心育人、爱心服务"。"精"就是做教育工作要把握全局、精心服务;"细"就是将教育工作做到细微处、体贴人心,如涓涓细流汇入教育工作中;"化"就是使"精细"成为一种教学常规,成为一种固化要求,成为一种服务精神、一种育人方法、一种教育管理,并使之成为学校永久的追求。

(一)高等教育精细化的时代意义

高等院校是培养新时期高技能人才的场所。高等院校学生要有时代意识,在新时代要有精细化的工匠精神,因此,他们的教育和管理难度更大、更复杂,要求更高,学生教育工作承担着更大的社会责任,体现着更大的时代意义。

**1. 引导和校正学生的人生价值目标**

如果,课堂上问到学生追求的理想是什么,答:钱;前进的动力是什么,答:钱;思考的根本问题是什么,答:钱。"钱"的声音在其他微弱的声音中特别响亮,听后会让人心情复杂、辗转反思。作为实现 21 世纪现代化的劳动者,满脑子都是"钱"就可能成为"钱"的奴隶。当人生的一切追求都是冲着"钱"的时候,思维中"钱"就会凌驾于责任、良心、道德、贡献等公共意识和服务意识之上,难以有为人民服务、为社会服务的思想,难以有先人后己、大公无私、救助贫弱、振兴国家的行为,也难以做到为社会发展做贡献。即使在经济全球化、价值多元化的今天,也不能没有对真理的追求、不能疏忽对良知的拷问。因而教育的首要任务是引导学生把握成长的正确方向、构筑起精神家园,形成正确的价值观,把自己的发展融入社会的发展,用自己对社会的贡献推动社会的进步。

高晓松炮轰清华学霸,从另一个层面反映了部分年轻人的社会理想和人生目标存在问题。一个本硕博均在清华大学就读的学生,还要问择业和就业问题。高晓松说,名校乃镇国重器,而今却成了职业培训所,学生们都问毕业后进国企好还是外企好,关注的只是"眼前的苟且"。

**2. 培养和铸就学生的职业品德**

在我国经济体制深刻变革、社会结构深刻变动、利益格局深刻调整、思想观念深刻变化的新形势下,高等院校学生容易受市场经济的负面影响,思想倾向以个人利益为筹码、自我主义为核心,注重自我实现。加上当前高等院校教育有追求短平快、急功近利的思想,把瞄准产业、推动就业作为重中之重,学院之间的竞争也是比规模、比硬件、比就业率,而思想品德教育却顾及不多。这无疑会忽视学生职业品德的养成,培养不出社会行业需要的合格人才,因此高等院校教育需要教育工作者全员负责,并对培养的全过程负责,托起和支撑学生职业品德的养成,使学生具备敬业精神,服从行业需要,服从岗位需要,服从社会规范,服务社会发展,服务人类进步,坚决不能放任和默认自私思想的影响。

**3. 增强学生对现实诱惑的免疫力**

当前的社会处于社会发展的机遇期和社会矛盾的凸显期,社会意识形态的对立和斗争渗透到日常生活中,享乐主义、拜金主义等多元化思想有泛滥趋势。社会诱惑在多个层面存在,好逸恶劳、不劳而获、不正当收获、花天酒地的现象少量存在,这对高等院校学生的心灵有微妙的吸引力。有的学生觉得自己追求成功太辛苦,于是可能有追求捷径的思想,不愿付出贪图回报,不愿努力幻想收获,不愿行动期望结果,对不正常现象认识不清,可能在思想认识方面产生诸多迷茫、困惑和疑问,无形之中影响自己的思想和行为。社会转型期也是思想的反思、裂变、更新和塑造时期,教育工作者承担着教育学生分辨是非、融入时代主旋律的责任,需要帮助学生抵制不正常的诱惑,培养学生踏实、勤勉、积极生活的思想和行为,增强他们抗拒诱惑的免疫力,促使他们成为服务时代发展的优秀青年。

## （二）高等教育精细化的要求

精细化讲究细节和过程，要求把大事做细，把细事做透。思想政治工作是做人的工作，思想政治工作的关键是要高瞻远瞩、把握细节，教育工作者要从工作对象的行为、态度上的细节着手，重视每个环节的育人功能。

**1. 教育工作网络覆盖要全面**

高等教育是一个全局性的工作，大学生的教育工作要形成党委统一领导下的各级负责的教育工作网络体系。坚持全员育人原则、岗位责任原则。坚持事事育人、时时育人原则；坚持课内育人、课外育人原则；坚持理论育人、实践育人原则；坚持校园文化、网络文化育人原则；坚持师德育人、榜样的力量育人原则。形成良好的整体育人氛围，重视日常教育工作的重要性。各部门应立足自己的部门要求，做出自己的工作特色；各员工应立足自己的岗位要求，发挥自己的教育才能。想方设法将精细化的思想和做法渗透到日常思想政治工作中。

**2. 分级建立和完善思想政治工作制度**

精细化重视具体、落实。高等院校的党委、团委、学工及其他部门以及教工、员工需要分别以制度的形式明确在学生教育工作中的职责，做到有章可循、有据可依。学校要成立、加强和改进大学生教育工作领导小组，加强和改进师德建设，加强辅导员（班主任）队伍建设，加强和改进思想政治理论课教学及管理，加强和改进大学生社会实践活动，加强心理健康教育与心理咨询工作，加强校园文化建设。团委、学工等部门的制度建设要相互配合，明确工作任务，分工合作，做好各项活动。教职员工要将教育工作日常化、制度化。

**3. 建立系统化的考评机制**

精细化的成效在于考评。每个岗位、每次活动、每项任务，随时随地都要有相应的考核来检测，监督每个岗位制度的执行情况。比如，学生考评师德、考评教职工的责任精神、考评活动的实效；岗位考评各制度的执行情况；学院考评各部门的工作落实情况。制度落实的到位与否，直接影响着精细教育结果的好坏，因此要做到考核制度化、考核实施经常化、考评方式多样化，以管理、教育、服务、救助、养成为手段，教育、管理、服务相结合，常规工作抓落实，创新工作出特色，以此来检验精细化教育的效果。

（三）高等教育精细化的具体内容

细节决定成败，现在决定未来。高等教育精细化应该渗透到各个环节，做精做细，以服务于社会大局。

**1. 学生自我管理思想教育精细化**

有的学生没有离开过家庭的照顾，需要培养一种自主自立自我管理的思想和行为习惯；有的学生虽然中学就离开家里过寄宿生活，但自我管理能力不强；有的学生总是离不开监督，不然就会放纵自己，大事不会做小事不想做。因此，学院应该在新生入学教育时就规定学生自我管理的条款，比如整理内务、遵守作息时间、不惹是生非、作业不抄袭、考试不作弊等。同时，由学生成立自我管理机构，采用民主形式推选管理者，监督自我管理，实行自评和互评，每月进行小结。"一屋不扫，无以扫天下。"学生应从自我做起，在自我管理中约束自己、矫正自己、提升自己。

**2. 学生常规管理教育精细化**

辅导员每天针对学生情况写好工作日志，同时分类记录学生群体（成绩优秀的学生、有特长的学生、恋爱困惑或有其他心理问题的学生、人际交往困难的学生、就业困难的学生、经济困难的学生、学业困难的学生）的思想和行为及其变化，因材施教，分类解决。辅导员还要通过开班会、走访宿舍、网络互动，与学生及时沟通思想、掌握动态、交流感情，帮助学生认识和处理迷惘与困难。院系通过对班级实行量化管理来约束学生的思想和行为，比如对环境卫生、组织纪律、课外活动、安全教育、文明礼仪等各项管理实行量化考核、检查评比，对班级量化成绩实行日清、周结、月公示制度，培养学生做任何事都不能掉以轻心。学院统筹建立思想政治数字化工作平台，实行数据精细化录入，案例分门别类归整。学院、部门、思政工作队伍在同一平台工作，按照"点面结合、分工合作、分类指导、覆盖全面"的方针，提供多元化、精细化、个性化服务，切实做到思想上不出事、行为上不出事、心理上不出事、安全上不出事，落实科学规范的精细化管理。

**3. 学生社会意识教育精细化**

大学生是建设中国特色社会主义的一支重要力量，国家的进步、社会的发展、民族的强盛、人民的幸福，都是这一代大学生应该担当的社会责任。这一教育任务不仅落在思想政治教育工作者头上，还应该是所有教职员工的共同任务，做到言传身教、人人有责。在课堂上，不论专业课教师还是公共课教师，都应该在自己的课程教学中渗透职业道德、社会公德、家庭美德教育，渗透个人对社会应尽的责任教育，渗透有大家才能有小家的责任意识。制造专业应强调以质量求生存、贸易专业应强调以诚信为宗旨、营销专业应强调以公平做买卖、医药专业应强调救死扶伤的原则，等等。思想政治教育课程应该发挥课程优势，从宏观立足、从细微入手，发挥德育教育功能。各服务部门应该强化服务意识，用良好的思想和行为影响、熏陶学生，践行"我为人人、人人为我"的理念。建立学生社会实践基地，让学生参与社会活动或劳动并写出心得体会，让学生感知、认识、感悟自己作为社会一分子应该履行的职责。邀请社会人士或学生榜样做讲座，以便学生了解社会、回馈社会、服务社会。

**4. 学生抱负教育精细化**

有些大学生高考分数高，有些大学生经历了高考的打击，针对这一状况，应该对学生进行抱负教育。一是针对不同状况的学生指导他们制定不同的职业生涯规划，树立起职业理想。二是组织关于理想信念的讲座和演讲,激发学生的潜力和自信。三是参观工厂的车间和流水线,感受劳动的氛围,领会只要勤奋谁都有属于自己的岗位。四是通过校园网络,介绍那些通过不断努力在平凡的岗位做出杰出贡献的新型技能人才,比如广州石化分公司的李建荣(技校毕业,成功开发出 5 套 PLC 可编程控制新技术),高铁时代新型技术工人刘波(从中专到大专再到本科,担任空调发电车乘务队长、动车组列车机械师),山东省首席技师顾建东(高中毕业当工人)。五是建设校园文化,创造浓厚的育人氛围,突出人文特色,相信学生潜力无穷,鞭策学生志存高远,利用黑板报、宣传栏鼓舞和激励学生刻苦自励,"谁都有属于自己的一片天空,靠自己装点和经营"。六是做政策宣扬,国家政策强调"走新型工业化道路必须重视培养技术人才",进入高职院校学习,开创人生的新征程。

《管子·权修》说:"一年之计,莫如树谷;十年之计,莫如树木;终身之计,莫如树人。"同时,另有"十年树木,百年树人"的警示。这说明,育人是一项大事、一项艰巨工程,需要一代代人不断地努力,需要做好每个细节。"学校无小事,事事皆教育",尤其是牵涉德育功能的思想政治教育,更要从大处着眼、从小处着手,要在教育工作者的育人行动中渗透精细化理念,培养合格的新时代的建设者。

## 二、高技能化:培育新时代合格的技能型人才

随着高等职业教育的快速发展,我国高等职业教育进入了大众化的发展时期,社会对职业教育的认可程度和信任程度逐渐增强,同时对职业教育的要求也日渐提高。发展高等职业教育既是我国现代化建设的客观要求,也是加快高等教育大众化进程的重要举措,而当前制约其发展的"瓶颈"和影响高等职业教育质量及毕业生就业竞争能力的重要原因,就在于它仍没有突破学历教育的束缚和职业技能不高的瓶颈。高职教育只有

突出高技能教育，才能适应社会的要求，才能在高等教育中占有一席之地。

**（一）高职教育乏力是高等教育的发展瓶颈**

自1999年高等教育扩招以来，我国的高等教育得到了迅速发展，然而，在高职教育数量有较大增长的同时，却并没有伴随质量的较大提高，从某种程度上来说，反而带来了质量的下降。一些高职教育毕业生职业技能并不高。学生技能不高，满足不了用人单位的要求，因而，就业能力不强，影响了高职教育的声誉。主要表现有：

**1. 没有准确把握职业教育属性**

教育部有关文件指出，高职教育的培养目标是培养拥护党的基本路线，适应社会主义现代化生产、建设、管理、服务第一线需要的，德智体美劳全面发展，"下得去、留得住、用得上"，实践能力强，具有良好职业道德的高技能人才。我们认为高职是培养"数以千万计高技能专门人才"的教育，高技能性理应成为高职教育的本质属性，因而培养目标是培养高技能型人才[1]。但是，由于职业教育是新生事物，还没有得到家长和学生的普遍认同，家长和学生用普通高等教育的标准衡量高职教育，对高等职业技术教育职业技能定位有一定的偏差，有的高职院校为了取悦学生与家长，把高职教育办成"压缩型本科教育"。据郑州铁路职业技术学院的调查，有96%的高职学生对高职的培养目标、方向、学习内容不够清楚，总认为自己高中毕业进了大学校门，就是大学生，只是自愧比本科生低一等，他们向往的自然也就是本科院校的学历教育，但对职业发展很迷茫。

**2. 没有着力培养人才的高技能**

我国高等职业教育经过多年的发展，结合我国的社会实际与实践提出："高等职业教育作为高等教育发展中的一个类型，肩

---

[1] 张健. 对高职教育本质属性的反思与追问 [J]. 滁州职业技术学院学报，2008（7）：5-7.

负着培养面向生产、服务和管理第一线需要的高技能人才的使命，在我国加快推进社会主义现代化建设进程中具有不可替代的作用。"[1] 高技能型人才与技术型人才或技能型人才是有区别的。技术型人才是在一线从事技术设计、技术改造、技术革新的技术人员，是专门从事专业技术和管理的人才，大体可以对应本科工程型、应用型院校培养的人才；技能型人才是将最新的理论、设计、技术变成最佳产品或服务的人，主要从事一般的技能操作和加工实践，大体可以对应中等职业教育培养的人才；而高技能型人才是技术技能型人才、复合技能型人才和知识技能型人才，介于决策管理层与操作执行层之间，是能独立解决复杂性、关键性和超常规实际操作难题的人。高职教育要培养高技能人才，就既不能办成本科教育也不能办成中等职业教育。

**3. 教学方式与环节没有体现对高技能的把握**

在部分高职院校中传统教学方式依然占主导地位，它们还在采取普通高等教育以学科为中心的教学模式，还是以知识讲授为主，没有按职业岗位去开发课程与教学，没有深层次地思考所培养人才未来在社会上的就业、创业情况。教学环节没有与高技能对接，如评价质量仍简单地采用传统的点评教师授课质量的方式，而对实验、实训的重视不够；测评学生的成绩不是以能力为重点，而是以学生在课堂上的表现为重点、以学生学到知识的多少为重点。这些都影响了对学生高技能的培养，影响了学生的就业竞争力。湘钢有关负责人曾介绍，目前企业技师以上的人员大部分还是公司自己培养的，虽然每年从高职院校招聘100多人，但这些学生走出校门后并不能马上到生产一线顶岗作业，动手能力还有待进一步强化，他们要把理论与实践结合起来，要解决生产中的难题，提出自己独特的见解，还需时日。加之，高职院校由于受资金、人力、物力等多种因素的制约，许多院校对职业技

---

[1] 教育部.关于全面提高高等职业教育教学质量的若干意见 [EB/OL]. (2006-11-16) [2019-10-0]. https://www.renrendoc.com/paper/93485784.html.

能训练不重视，或没有相关的实训基地，因而造成了学生的职业技能低下。

### （二）我国高等职业教育技能特色不够

我国的高等职业教育大众化还没有进入成熟期，高等职业教育的现状还存在诸多问题，教育制度有待进一步完善，办学条件有待进一步改善，办学经验有待进一步积累。

**1. 准入制度乏力，恶性竞争忽视技能特色**

我国在高等职业教育大众化的过程中存在着许多不顾条件、一哄而起争办高职院校的现象。截至2018年，全国共有普通高等院校2 663所（含独立学院265所），比上年增加32所。其中，本科院校1 245所，比上年增加2所；高职（专科）院校1 418所，比上年增加30所。全国普通本专科共招生790.99万人，比上年增长3.87%。其中，普通本科招生422.16万人，比上年增长2.78%；普通专科招生368.83万人，比上年增长5.16%。全国普通本专科共有在校生2 831.03万人，比上年增长2.81%。其中，普通本科在校生1 697.33万人，比上年增长2.95%；普通专科在校生1 133.70万人，比上年增长2.60%。由于缺乏准入制度，许多学校在不具备办高等院校的条件下，跟风一样办起了高等院校，在硬件设施、软件设施缺乏的条件下想培养合格的高等院校人才，简直是一句空话。而且这种一哄而起的办学行为，注重的只是数量的竞争，于是各学校大打招生战，忽视以质量求生存，忽视靠特色谋发展。

**2. 教学资源缺乏，技能培养力不从心**

我国独立设置的高等职业院校建校历史短，师资、设备等达不到规定标准。现有的独立设置的高等职业院校很多是原有的普通中等专业学校升格而成的，这些学校虽然有一定的职业教育办学经验，也具有较明显的职业教育办学特色，但是，这些学校升格以后，只是利用原有的中专层次教育资源来举办大学层次的教育，这显然是难以达到高等职业教育所要求的质量的。还有，课程建设落后，如1999年刚开始扩招时，教育部高教司为了应急，曾颁布了《关于1999年新增10万高校生使用高校高专教材的通知》（高教司〔1999〕39号）。但此后，随着高等教育的继续扩招，此类问题通过国家已无力解决，而高职院校本身因忙于招生也无暇顾及课程建设。

### 3. 管理模式陈旧，技能教育无力推进

目前高等职业院校的教学管理还没有完全脱离普通教育的模式，存在"职教普教化，教学理论化，模式单一化"的问题，还在追求专升本、在校拿本科成教文凭，严重削弱了高技能的培养。从总体上看，职业教育办学模式普教化、人才培养过程与企业生产管理分离等状况仍然存在，这已经成为制约职业教育技能型人才培养质量提高和职业教育持续发展的重要因素。目前，许多高职院校教师在教学方法上明显带有"普教化"倾向，不注重培养学生的创业和创新能力；有些教师自身操作技能薄弱，创业能力和创新意识薄弱，无法培养学生的动手能力和创造精神；许多教师教育教学理念陈旧，缺乏开拓创新精神；有些学校连基本的专业教师也没有配备齐全，创造教育更无从谈起。所有这些都严重地制约了高等院校教育的职业技能培养和创造能力的开发。

### 4. 学生素质较差，技能培养信心不足

高等职业院校的生源大都比普通高等院校差。对口招生的学生基础知识较弱，而普通高中毕业生则操作能力不强，从而使高等职业教育既难以保证其"高等性"，又难以保证其"技能性"，因而造成"高而无技"，这就势必影响高等职业教育技能特色的培养。教师对学生反感，有一种无法培养他们成才的心理压力，学生对学校反感，花了那么多钱上学还不明白自己能干什么。

### （三）抓好高技能教育，构建完善的高等职业教育体系

高等职业教育培养面向基层、生产、服务和管理第一线职业岗位的实用型、技能型专门人才。职业教育应是教育与实际生产劳动相结合，是为生产第一线培养"下得去，用得上"的应用型

技术人才或管理人才。因此，必须突出职业技能教育，牢牢抓住高等院校教育的本质属性。

**1. 职业定位，培养学生高技能**

高职教育所培养的人才规格，主要体现在高职院校培养的人才必须具备的能力上。因为高职教育与教学的指导思想和目的是使学生获得相应职业领域的能力，高职教育的教学计划、课程内容及质量评价标准都以使学生获得职业能力为导向，一切教育教学工作都以使学生获得相应职业领域的能力为出发点和终结点。高职教育的质量标准包括职业能力及相关知识、普适性能力及相关知识、学术能力及相关知识。其中，职业技能及相关知识是体现高等院校教育质量的核心标准，普适性能力及相关知识和学术能力及相关知识则是衡量其质量的一般标准，三者在实现高等院校教育目标中的作用依次递减。

**2. 质量把关，坚持就业导向教学**

高等职业教育质量标准的评价导向是职业性导向，衡量教育计划内容以职业目的为主。为此，需要在教学方式、教学内容、教学过程上下功夫。一是教学方式走"产教结合"道路，通过"产教结合"，增加学习接触实际技能和社会实践的机会，给学生创造一个客观真实的环境，增强学生的职业意识和岗位业务能力；二是教学内容突出"应用性"，基本理论知识以"必需、够用"为原则，专业课程的理论部分应削枝强干、删繁就简，教学过程应不重推导而重结论和应用，教学重点不是公式和概念的"为什么"和"怎么来"，而应当告诉学生"是什么"和"怎么用"；三是教育过程中突出实践环节、注重岗位职业能力的培养，这既是职业教育的突出特色，也是实现职业教育目标的重要环节。[1]

---

[1] 张志祥.基于就业能力标准创新高职人才培养模式 [J].中国高等教育，2007（6）：48-49.

### 3. 校企联动，创新技能培养模式

高等职业教育要突出职业技能教育，关键是要给学生多提供实习的机会，因此，创新教育方式，进行校企联动是一条有效的途径。以湖南机电职业技术学院来说，通过与三一重工、中联重科、凯铂制药、湘潭电机等企业进行联合办学，为学生锻炼技能、培养动手能力提供了较多的机会，增加了学生就业的机会。特别是与中星广告集团联合办学的中星广告班，把就学和就业结合起来，实践证明这是一种很有效果的办学模式，中星班学生的职业技能与动手能力都很强，中星广告班成为校企联动的一种有效模式。因此，要充分认识学校与企业合作办学的优势，办成真正的高水平职业教育，培养高素质的、企业欢迎的高技能型创业型人才，这样高职教育才能真正适应社会的需求。为此，要抢抓发展机遇，采取有力措施，建立稳定的校企合作伙伴关系，积极组建有企业参加的"职教集团"，有效利用企业资源，本着校企互惠共赢的原则，大力推进校企合作；要将校企合作办学作为职业教育专业建设、课程建设、办学模式改革和教师能力提高的根本途径，作为职业院校新一轮发展的重要内容，作为职业院校培养高技能人才的基本模式，促进职业教育进一步办出特色和水平，更好地为企业培养所需人才，服务社会经济发展。

### 4. 评估促进，贯彻落实《高等职业院校人才培养工作评估方案》

教育部门的主要职能是培养人，一切教学和管理工作都要以培养人为中心，自2009年起，所有高等职业院校按照新评估方案进行人才培养工作评估。根据新评估方案，高等职业院校人才培养工作评估将按照"以服务为宗旨，以就业为导向，走产学结合发展道路"的办学要求，坚持"以评促建、以评促改、以评促管、评建结合、重在建设"的方针，保证高等职业教育基本教学质量，促进院校形成自我约束、自我发展的机制。新评估方案增加了行业等社会评价元素，注重用人部门对毕业生质量的实际评价；以学校日常教学工作原始状态为基本依据进行主要数据采

集、分析，保证评估操作程序的公开、透明；评估专家仅需给出通过与否的结论建议，以引导被评院校将注意力切实集中到学校的内涵建设上，逐步形成以学校为核心、教育行政部门为引导、社会参与其中的教学质量保障体系。这是一个对高职人才培养的总纲，在实际和实践中，一切规划和计划都应围绕《高等职业院校人才培养工作评估方案》展开，扎扎实实培养合格的高技能人才，为职业教育托起一方亮丽的天空。

### 三、实践化：培养面向基层的应用型人才

社会实践是融学校教育、社会教育和自我教育为一体的教育形式，是培养人才的重要环节，对促进学生了解国情、增长才干、奉献社会、培养品格、增强社会责任感等具有不可替代的作用。中共中央、国务院《关于进一步加强和改进大学生思想政治教育的意见》明确指出，"社会实践是大学生思想政治教育的重要环节"。中宣部、中央文明办、教育部、共青团中央《关于进一步加强和改进大学生社会实践的意见》中也提出，"面对新形势、新任务、新情况、新变化，要进一步加强和改进大学生社会实践"。大学生具有鲜明特点，重视社会实践是高等院校教育的重要特征和根本要求。探索高等院校学生社会实践的方法和途径，是高等院校"培养什么人、如何培养人"的重要内容，也是高等院校实现人才培养目标的要求。

#### （一）高等院校重视社会实践创新的意义

**1. 有利于教师增强引导学生理论联系实际的能力**

高等院校教师不仅要传授理论知识，而且要注重实际操作，从实际和实践应用出发，让学生学会社会需要的操作技能。在教学中，教师自身也进行了一个从理论到实践的过程，达到了教学相长的效果。教师指导学生社会实践的过程，也是自己参与社会实践的过程，是实现理论与实际相结合的过程。高等职业院校教师去企业实践锻炼，目的是让教师了解企业的生产组织方式和工

艺流程，熟悉企业相关岗位职责、操作规范和管理制度，体验本专业的新知识、新技能、新工艺和新方法，同时结合企业的生产实际，在课程改革中有的放矢地完善人才培养方案和课程标准，提高技能型人才培养质量。职业素养和职业能力越来越被用人单位看重，高校师资职业素养是为学校培养高素质人才提供重要的保证，企业社会实践是一种从技能、专业、思想、意识等方面来提高教师职业素养的重要手段[1]。教师利用暑期深入基层，接触社会，进行社会实践活动是高校加强师资队伍建设，增强教师尤其是年轻教师社会责任感的一项重要举措[2]。

**2. 有利于学生增强服务社会的能力**

大学生就业后基本上是做实际产品，社会实践活动扩展了学生运用理论知识的空间，使学生了解了社会对他们的需求。不管在专业顶岗方面，还是在社会志愿服务方面，或是在其他活动中，学生参与社会实践，都能发挥自己的特长、锻炼自己的素质和能力。高等院校要有生命力，其办学方针一定要适应社会发展需要，而社会实践的育人功能更是在服务社会的过程中进行的。只有在实践中牢牢把握和渗透服务社会的理念，培养出的学生才能真正适应社会的需要，成为名副其实的栋梁之材[3]。大学生需要深入社会基层了解社会的需要、了解国家的需要；通过有目的地做事锻炼提高自己发现问题、分析问题、解决问题的能力；提高自己与人交流、沟通的能力；提高自己动手操作的能力[4]。通过社会实践，大学生可以深入所学专业的相关企业，了解企业

---

[1] 王章华. 教师下企业社会实践对提升职业技能的意义 [J]. 当代教育论坛, 2011 (8)：92-94.

[2] 胡源西. 对高校教师参加社会实践的认识与体会 [J]. 教育教学论坛, 2012 (9)：106-107.

[3] 李庭志. 创新学生社会实践组织模式 深化活动教育效果 [J]. 湖北经济学院学报（人文社会科学版），2009 (8)：133-135.

[4] 张君维. 高职院校《自动检测与转换技术》课程教学改革的探讨 [J]. 西南师范大学学报（自然科学版），2010 (35)：254-258.

及行业的发展现状，将所学的专业知识和技能应用到社会实践中，不断积累和提高学业素质。同时，在社会实践活动中，通过发挥自己所学的知识和技能，又能在一定程度上实现自身的价值，产生较强的满足感和成就感，从而形成继续学习、服务社会的持续动力[1]。

**3. 有利于实现培养高技能应用型人才的目标**

当代大学生的特点是着重于应用能力的把握。工学结合、校企合作为学生专业应用能力的发挥创造了条件。社区义务劳动、边远山区志愿服务、校内外勤工俭学、市场与社会调查、环保志愿服务等具体实践活动，增加了学生了解社会的渠道，扩展了学生的视野，锻炼了学生的劳动能力。假期社会实践活动让学生认识社会、认识生活、理解生活的不容易，从多角度多侧面锻炼、培养了学生适应社会和服务社会的能力。

大学生参与社会实践的服务活动，不仅有助于培养服务社会、服务祖国、服务人民的奉献精神，还有利于培养自尊、自重、自励、自省的观念，对引导学生健康的学习动机，练就适应社会竞争与职业选择的能力，具有积极作用[2]。青年学生通过社会实践活动增进了对国情的认识和理解，更加自觉地走与人民群众相结合、与劳动实践相结合的道路，在服务中提高了素质，展现了旺盛的生命力和广阔的发展前途[3]。这是高等院校教育培养高技能应用型素质和能力兼备人才的要求。

**（二）湖南机电职业技术学院学生社会实践创新的案例剖析**

湖南机电职业技术学院，通过多种学生社会实践途径满足职业教育的要求，满足人才培养的要求，以使职业教育服务社会发

---

[1] 冯可可. 与专业对接的高职学生社会实践模式探析 [J]. 武汉交通职业学院学报，2011 (12): 55-58.

[2] 刘正浩，胡克培. 大学生社会实践的调查及思考 [J]. 当代青年研究，2009 (2): 37-41.

[3] 李建玲. 高职学生社会实践模式创新思考 [J]. 职业教育研究，2011 (7): 38-39.

展和社会建设。在实施中,不仅引导学生做社会调查、政策宣传、参观访问、文艺演出、义务劳动,而且引导学生结合专业,发挥科技文化智力资源优势,开展科技下乡技术服务。另外,发挥顶岗实习、工学结合的职业教育培养特长,学生的社会实践要做到日常化、经常化,紧跟社会需求和社会热点难点,使社会实践满足社会生产的需要,让学生毕业就能上岗。

**1. 湖南机电职业技术学院学生社会实践创新做法**

(1) 针对同一届学生的暑期社会实践活动。

湖南机电职业技术学院从2008年开始,每年暑假前夕都给入学近一年的学生分发一个社会实践报告本(由思政部负责组织和实施),教师在课堂上对学生进行假期社会实践的指导,并明确任务。当年下学期9月开学报到后,迅速收回学生的社会实践报告本,教师及时批阅,并选出优秀社会实践报告进行评奖,召开优秀社会实践表彰会(会议邀请下一届的学生代表和各班级的班长、团支书参加,以使这部分学生先学习和感受做社会实践的方法,产生动力,并且让这部分学生到自己班级现身说法,解答同学的疑问,鼓励和发动其他同学做社会实践),把优秀社会实践报告本进行汇编。这项社会实践活动的流程连续坚持了几年,取得了很好的效果,学生的任务明确了,又有力量督促他们完成,同时还有之前的学生榜样在影响他们。每年都会有一批优秀的学生和社会实践报告出现。这种做法,辐射面广、参与的学生多、受益的学生多,实实在在让学生接触社会、参与社会活动、体验社会生活、感受赚钱的辛苦,以此来培养学生适应社会的能力。每年湖南机电职业技术学院教师批阅4 000份左右的社会实践报告,每年受益学生大约4 000人。每年都有活动资料和表彰通报,现有可以展现的是2008—2018年度湖南机电职业技术学院大学生假期优秀社会实践调查报告汇编。

(2) 培养学生社会服务意识的社会公益活动。

湖南机电职业技术学院联合梦创公益以及德馨园小学开展湘

西支教行活动——湘西保靖县夯沙乡吕洞小学支教以及图书捐赠与整理（学校团委部署和实施）。由于活动地点在偏远山区，志愿者们在首次活动前做了长达数月的前期准备工作，并特意前往共青团长沙市志愿者培训中心进行了专业、系统的培训。到达目的地之后，志愿者有针对性地展开了了解、调查，通过调查发现，当地情况比较特殊，吕洞小学属于非常贫困偏远的山区学校，村里的大部分青年都已外出务工，留守儿童所占比率达到近95%。学校地处闭塞、偏远的山区，外界的教师不愿在此执教，导致学校人力资源匮乏，该校只设立了小学一、二、三年级，共有46名学生，2位教师。此外，学校所有学生都是苗族，年纪普遍偏小，志愿者不懂苗语，与他们交流起来非常困难，平时当地的教师一般采取双语教学，苗语为主、普通话为辅。针对当地的特殊情况，志愿者制定了心理调查方案、访谈方案、支教方案。为了活动可持续进行，志愿者自行接力，上一任志愿者培训下一任志愿者，确保这根接力棒一直往下传。

还有，湖南机电职业技术学院学生把慰问长沙县青山老年公寓作为一项长期坚持的活动固定下来；湖南机电职业技术学院学生社区义务维修服务是一项定期举行的志愿服务活动。

这一系列活动激发了学生参与社会实践的激情，帮助学生认识并发挥自己的价值，助推他们服务社会、促进他们成长成才。

（3）对学生进行革命传统教育的红色实践基地平台。

湖南机电职业技术学院在学校周边建立了定点红色社会实践基地，并与杨开慧故居、南县厂窖惨案纪念馆、毛泽东纪念馆、雷锋纪念馆等签订了社会实践基地建设协议。学校基本上一年安排4次（一个批次400人左右）红色教育基地社会实践活动，思政部会在课余时间组织学生到杨开慧故居、南县厂窖惨案纪念馆、毛泽东纪念馆、雷锋纪念馆等爱国主义教育基地参观，并定期派学生参与基地的义务劳动（如接待参观团的服务工作、解说工作等)。参观爱国主义教育基地的社会实践活动,使学生一方面受到革命传统教育,树立正确的人生观、价值观,另一方面感受社会变化、时代变迁,明确自己的社会职责,为更好地服务社会打下思想基础。这些活动的组织常态化、活动常态化、学生受教育的总结常态化。

(4) 工学结合的顶岗实习训练。

湖南机电职业技术学院依托地处长沙市的国家级经济技术开发区、凭借湖南省和中南地区装备制造业基地的区位优势,已与200多家用人单位建立了稳定的培养、就业合作关系,与三一重工、湘潭电机集团、北汽福田、山河智能、中联重科、比亚迪汽车、吉利汽车、广汽菲亚特等知名企业开展了多种形式的合作办学,校外建有200余家实训实习教学基地,有利于顶岗实习的进行。在实训之前,学校有意识地引导学生学习企业文化、结合不同专业和年级特点选择岗位,合理安排,发挥学生的专业特长和优势,强化专业知识,提高专业技能。学生到企业一线进行生产操作后,认识到自己的缺点和不足,回到学校之后,其学习动力更足、针对性更强、学习更认真。这种社会实践在时间上的日常化、经常化,有利于学生查找自己在对接企业和对接岗位方面的不足,从而迎头赶上、尽快适应生产一线操作和管理的需要。

湖南机电职业技术学院依托职业教育的建设平台,建成了电工电子与自动化实训基地、汽车维修实训基地、机械制造实训基地、计算机及网络中心、化工实训中心、财经与旅游实训中心及汽车发动机、底盘、汽车电气电控、整车维护等大型实训基地,设立了钳工实训场、机械加工实训场、数控实训场、单片机实训室、PLC 实训室、电动汽车实训室、DSP 技术实训室、多媒体技术实训室、仪器分析实验实训室、分析化学实验实训室、语音室等 120 个校内实验实训场地,有利于理实一体化教学和校内实训教学,培养应用型技能人才。

(5) 丰富多彩的第二课堂活动。

学校组织的第二课堂活动丰富多彩，内容广，领域宽，学生选择的机会和余地大，参与和受益的学生多。湖南机电职业技术学院通过组织学雷锋、"心灵之光，健康机电""认识自我，从心灵出发""心系感恩，真情释放""戒烟禁烟，从我做起""保护母亲河，湘江大清理"、大学生辩论赛、文艺晚会、魅力女生评选、运动会、冬季阳光运动、"校园文明行"等实践活动，从不同侧面和领域培养学生的社会实践能力、社会参与能力、社会感知能力。学校规定每位学生至少要加入一个协会，每学期至少参加两次第二课堂活动，使学生在日常的实践活动中，融入集体、融入社会、适应社会，养成热爱生活、关心他人、服务他人、服务社会的良好习惯。

湖南机电职业技术学院在全校统一布局实施社会实践活动，项目的专业实训和顶岗实习使全体学生受益，课外社会实践每位学生每期都要参与两项或者两次。通过参与社会实践、企业生产实践，巩固所学的理论知识，感受社会对职业的要求和学生素质的要求，提升学生服务社会、服务地方经济发展的能力，实现高等院校教育的培养特色和育人目标，即大学对接职场、社会，大学生对接社会人、职业人，大学生涯对接职业生涯、人生生涯。通过创新社会实践活动，促进学生养成良好的身心素养，促进学生发挥理论知识的作用，促进学生的社会化，使学生的素质和能力得到提高，服务意识和责任意识得以加强。

**2. 湖南机电职业技术学院学生社会实践的成效**

(1) 促进学生良好的身心素养形成。

学生通过暑假的社会实践，体验社会生活，感受挣钱不容易，从而增强社会适应性，养成节俭、勤劳朴实的良好习惯，在实践中受教育，在实践中成长。学生参与社会公益活动，主要是确立学生人生观和价值观的正确方向（个人建立在为社会服务基础上的快乐才是真正的快乐，给予他人快乐自己更快乐，社会变美好自己的人生更精彩)。在红色教育基地开展的社会实践活动，主要培养学生的理想担当和社会责任感，在红色教育基地，学生能感受当年的革命者有着崇高的理想、高尚的情操、庄严的历史使命，通过感悟和熏陶，使学生自觉学习革命者的革命精神和奋斗精神。

(2) 促进学生的理论知识发挥作用。

就目前来说，由于社会环境、实践基地等因素的影响，从学校到学生都有被动参加社会实践的苦衷，学生很大程度上是为实践而实践，不能按照自己的意愿将社会实践与择业就业挂钩，不能在实践中提高自身的择业就业素质和能力。湖南机电职业技术学院将学生真正放到实践主体的位置，使学生参加的社会实践能够充分发挥其专业特长，使理论与实际相结合、社会实践与专业技能相结合。比如，电气专业的学生到社区做义务家电维修，校园艺术团定期去附近老年公寓义务演出，网络技术专业的学生深入社区教居民使用计算机和网络，汽车维修专业的学生进社区科普汽车保养知识。真正做到了社会调查发现社会问题并有可行性建议、生产劳动对接本地经济和社会建设、文艺演出符合当地群众的需要、志愿服务能帮助当地民众的生产或生活。这些活动收到了良好的效果，为学生就业打下了坚实基础。

(3) 促进学生社会化。

第二课堂活动的社会实践从不同侧面满足学生的需求，通过丰富多彩的活动，调动学生融入集体、融入社会的积极性，在活动中矫正自己的某些思想和行为，在活动中拓展自己的交际圈，在活动中收获被人认可、被人尊重的快乐，在活动中感受自己有能力服务他人的快乐。学生的专业实训、顶岗实训是技能不断增长的过程，是书本知识转化成服务能力的过程，在这个过程中，学生的素质和能力得到提高，服务意识和责任意识得以加强，促进了学生社会化。

**3. 湖南机电职业技术学院学生社会实践的启示**

湖南机电职业技术学院学生参加社会实践，不仅提高了思想素养，而且增强了就业能力。通过多年的努力，学生积累了丰富的社会实践经验。

（1）学校重视形成合力是前提。

湖南机电职业技术学院领导和广大教师在思想、行动上保持一致，切实把学生社会实践与人才培养目标联系起来。全校上下一致，各学院各部门通力合作，做好宣传工作，明确任务和目标。为了充分贯彻实现学生社会实践在个人成才、学校发展和社会进步方面的重要作用，学校利用课内课外和网络平台，对学生宣传社会实践的现实意义。在课堂教学的同时灌输社会实践的思想，同时辅之以宣传手册、标语等方式，使学生切实转变以往只注重功课不挂科、盲目考证的心态，将学习书本知识与社会实践放到同等重要的位置。学生对社会实践活动的作用有了清楚认识，有利于学生积极投入社会实践的各项活动，并在社会实践活动中不断积累经验。受益学生众多，使其他学生也认可了社会实践活动的功能，这为落实社会实践的具体行动方案、为学生专业技能和综合素质的提高创造了条件。

（2）学校组织管理实施是后盾。

一是将社会实践纳入教学计划。学校将社会实践纳入教学体系，对社会实践的目标、内容、形式、考评等做出明确规定，教务处、学工部、团委等部门互相配合，建立专门的社会实践管理机构，安排专人负责，由相关教师对学生进行有效的指导，并监督学生认真参加社会实践。

二是为社会实践提供经费保障。学校相关部门密切沟通配合，对学生社会实践给予专项经费的支持和保障。在此基础上，学校整合社会力量，多渠道筹措学生社会实践的活动经费，确保学生社会实践顺利进行。

三是建设学生社会实践基地。学校有意识地加强校企等的合作，尽最大努力建立相对稳定的学生社会实践基地，坚持互利互惠原则，把社会实践与地方经济建设结合起来，在实践基地为学生提供锻炼机会，同时为地方经济社会发展服务。

四是争取社会支持。学校和政府相关部门通过有效的沟通和宣传，争取得到社会对学生社会实践的认可和支持。对用人单位而言，通过接受学生社会实践与学校建立稳定的合作关系，促使产学研结合，得到人才支持和智力支持。

(3) 紧贴职业教育特色是重点。

针对职业教育的特点，湖南机电职业技术学院把社会实践放入高等院校学生的培养目标中，实践中用多种形式引导学生参与社会实践，将书本知识、理论知识融入社会生活，引导学生认识社会、参与社会、服务社会，在社会实践中锻炼自己的身心，在实践中调整思想认识、修正人生观和价值观，在实践中增长才智，在实践中获得社会知识。学生不但以专业技能服务社会，而且在思想意识和社会生活中服务社会，这正是职业教育的育人目标。麦克斯调查显示，湖南机电职业技术学院的学生就业率和学生报酬都高于一般高等院校，而且用人单位的评价好。社会和企业对该校的专业顶岗实践满意度高，校企合作顺畅、愉快，学生的社会才干获得了社会的赞誉和好评，彰显了职业教育的特色。

(4) 制度机制常态化是保障。

一是对社会实践有相应的管理办法。各部门各专业制定具体实施细则，包括社会实践信息接受、反馈及处理机制，如实记录社会实践各项资料、学生具体表现及实习单位评价，体现评价的客观性、针对性和可操作性，避免学生弄虚作假、敷衍了事。

二是突出学生的主体地位。学校有专人负责学生社会实践的监督、管理、考核、评价，从制度上保障学生运用所学知识解决实际问题的能力得到提高，建立了学生社会实践档案，将社会实践与奖学金评定、先进个人和先进集体评选、推荐就业等挂钩。

# 第五章
# 转型引领：社会主义核心价值观

高等教育对象正处于世界观、人生观、价值观形成的重要阶段，在当前思想多元化、价值观多元化的社会转型期，旗帜鲜明地进行社会主义核心价值观教育，能够有效引领高等院校教育的人才培养，实现教育的真正使命。国家中长期教育改革和发展规划纲要（2010—2020年）提出，"坚持德育为先，把社会主义核心价值体系融入国民教育全过程"，这一提议再次强调社会主义核心价值体系的重要性。社会主义核心价值体系最基础、最核心的部分是社会主义核心价值观。高等院校教育占高等教育的半壁江山，用社会主义核心价值观引领高等院校教育，是贯彻我国教育方针、培育21世纪合格建设者的必然要求。

## 一、社会主义核心价值观引领高等教育转型的必要性

### （一）教育的本质属性要求用社会主义核心价值观引领高等教育

广义的教育泛指一切有目的的影响人身心发展的社会实践活动。狭义的教育主要是指学校教育，即教育者根据一定的社会要求和受教育者的发展规律，有目的、有计划、有组织地对受教育者的身心施加影响，期望受教育者发生预期变化的活动。对高等院校教育而言，教育是培养德智体美劳等方面全面发展的社会主义建设人才。高等院校教育施加的教育影响不仅是专门知识、专业技能、专业素养，而且是时代的价值观念、道德规范和各种行

为准则，使受教育者具备时代理想追求，成为人格健全的现代人。因此，用社会主义核心价值观作为引导高等院校教育发展的思想，教人求真、学做真人，才能使受教育者的价值选择不偏离正确的方向，追求平衡发展。

**（二）思想品德的形成发展规律要求用社会主义核心价值观引领高等院校教育**

能动反映论和灌输论揭示了正确思想形成发展的规律。学校是人的思想品德形成的重要场所，学校教育对人的思想品德培养更具指导性，正确的世界观、方法论、发展着的科学社会主义理论、社会主流价值观的形成，主要靠学校教育的灌输。在我国经济体制深刻变革、社会结构深刻变动、利益格局深刻调整、思想观念深刻变化的新形势下，一部分人的社会价值取向出现偏差，如思想倾向于关注个人利益为筹码、自我主义为核心，自我实现为本质。因此，学校正面教育的责任更大。但在当前，高等院校教育对思想道德教育存在一种忽视心理，把瞄准产业技术、推动就业作为重中之重，高等院校之间的竞争也是比规模、比硬件、比就业率，而德育教育无暇顾及。这非常不利于高等院校学生良好思想品德的形成，因此需要正确引导高等院校教育，扭转这种局面，将良好的思想素养内化于心。

思想素质的内化就是个人真正接受社会发展所要求的思想、观念、规范，并将其纳入自己的态度体系，变为自己意识体系的有机组成部分，成为支配、控制自己思想、情感、行为的内在力量的过程。社会主义核心价值观是当今时代的思想旗帜、主流价值观。社会主义核心价值观教育的目标就是宣扬社会主导的价值原则和价值观念，用以引导受教育者的价值取向，促使他们紧跟时代的主流价值观，将自己的发展同民族利益、国家利益联系起来。高等院校教育在课程教学中（包括显在的历史、文学、社会科学以及科学技术等正式课程和潜在的校园建设、校风、班风、课外活动、教师榜样以及学校规章制度等隐性课程）需要托起和支撑这种主流价值观,不能放任和默认多元思想的泛滥。用社会主义核心价值观渗透课程教学,加强中国历史和基本国情教育,大力讴歌以爱国主义为核心的民族精神,增强实现民族复兴的责任感、使命感,艰苦创业、开拓创新。这样,受教育者才能昂扬时代精神,形成良好的道德风尚。

**(三)促进人的全面发展要求用社会主义核心价值观引领高等院校教育**

人的全面发展是推动政治、经济、文化、社会发展的重要基础。所谓人的全面发展,就是人的社会交往的普遍性和人对社会关系的控制程度的发展,在人与自然、社会的统一上表现为在社会实践基础上人的自然素质、社会素质和心理素质的发展。人的全面发展并不是指单个人的发展,而是指全社会每个人的全面发展。高等院校学生在学习基础、知识结构方面会有差异,有些学生可能会不自觉地降低自己的社会素质和心理素质,希望赶紧拿到文凭对接岗位、谋份职业,不希望学校在培养社会素质和心理素质上下功夫,希望直奔主题进行谋生教育。现在实行的"专业+技能+考证"模式,部分学生认为自己时间不够,又想当然地认为社会主义的掘墓人不会是自己,对于自己思想素质的养成就更不在意了,容易导致放松"人之为人"的追求。这样,他们的全面发展会打折扣,全社会人的全面发展会失去依托,靠他们推动政治、经济、文化、社会的发展会成为一个难题。

社会主义核心价值观教育能够规范高等院校培育人才的自然素质、社会素质、心理素质的要求,有利于培养出建设中国特色社会主义事业的合格人才。面对未来,要借鉴和运用非意识形态领域的方式方法来进行社会主义核心价值观教育,用硬性的制度建设,促进高等院校加强人才综合素质培育,提升人才社会建设能力,增强文明进步的群体力量。志愿者行动、校园文明行、学雷锋活动、参观纪念馆、参观新农村建设基地等活动的开展,一方面能够提升学校整体社会素质,另一方面能够给学生提供一个学习和净化心灵的空间，促进学生的全面发展。

## 二、社会主义核心价值观的教育功能

### （一）形成正确的职业价值认同

当前，社会教育和学校教育不自觉地把"就业至上"作为办学理念和根本目标，使教育对象直接将目标追求理解为提升层次—上班、就业—挣钱。这样便导致高等院校教育的价值导向物欲化。先看看著名的哈佛大学的校训：与柏拉图为友，与亚里士多德为友，更要与真理为友。经济全球化、国家利益化、价值多元化，都没有动摇哈佛大学对真理的追求、对良知的拷问，因而能够树立起其教育的权威、影响力。高等教育的价值应该是：以职业道德求生存、以产品创新为责任、以社会发展为动力、以诚实守信为准则。社会主义核心价值观教育能够约束教育对象认准职业教育的价值、把握成长的正确方向、构筑起精神家园。

学校是人的思想品德形成的重要场所，学校教育对人的思想品德培养更具指导性。"正确的世界观、方法论"、发展着的科学社会主义理论、社会主流价值观的形成，主要靠学校教育的灌输。大学生容易受市场经济的负面影响，因此有必要高举时代的思想旗帜、弘扬时代的主流价值观。

### （二）增强抵抗多元思想侵蚀的免疫力

目前我国正处于社会发展的机遇期和社会矛盾的凸显期，社会意识形态的对立和斗争渗透到日常生活中，思想的自由化、多元化倾向突出。一些学生对共产主义信仰产生了怀疑，认为共产主义是虚无缥缈的空中楼阁；一些学生追求眼前的实际利益轻无私奉献、重等价交换轻爱心付出；更有不少学生把注意力转向自我，忽视社会发展需要，以自我享受为思想基础。因此高等院校迫切需要用社会主义核心价值观教育加强对学生的思想引导，敦促学生树立共产主义信念，树立建设中国特色社会主义的共同理想，弘扬以爱国主义为核心的民族精神和以改革创新为核心的时代精神,彰显时代的"大我",克服利己的"小我"。捷克总统、思想家哈维尔曾经说:"只有那些在内心深处存有信仰的人才能看清事物的真相,他不会以这样或那样的方式扭曲真相,因为他没有这样做的个人或情结上的理由。"同样,当用马列主义的一元思想筑起高等院校学生的思想围墙后,他们就拥有了抗拒多元思想的免疫力。

### 三、高等院校教师要做核心价值观的导航者

我国正处于历史变革的新阶段,随着改革开放的深入和市场经济的发展,各种社会思想和文化思潮涌入高等院校,教师的思想观念更新嬗变,其影响的深远是前所未有的。高等院校是培养社会主义建设者和接班人的重要场所,可以这样说,高等院校教师的思想政治和道德素质,直接关系到培养人才的质量。加强教师思想政治工作,建设一支团结、务实、求真、创新的教师队伍,是完成培养高素质高技能人才的政治保证。高等院校教师思想政治工作中存在的突出问题,需要学校各部门互相配合,不断研究新情况、采取新方法、解决新问题。

#### (一)部分高等院校教师思想意识的偏差

大学生社会主义核心价值观教育机制的确立必须坚持方向性原则、时代性原则、科学性原则和整体性原则,并积极构建学习教育机制、行为实践机制、激励保障机制、评价考核机制、环境育人机制、示范带动机制和合力共管机制。[1] 从整体上说,高等院校教师的思想政治表现是良好的,为人师表、教书育人。其中,绝大多数教师具有坚定的政治信念和敬业精神,爱国、信党,拥护社会主义,思想解放,思维敏锐,扎实工作,辛勤育人,具有积极的开拓创新精神。但一个不容忽视的事实是,在少数教师身上,也存在着一些思想偏差的问题:

---

[1] 张志祥.大学生社会主义核心价值观教育机制的构建[J].黑龙江高教研究,2010(4):120-122.

**1. 理想信念有失偏颇**

少数教师对共产主义理想持怀疑态度,他们放弃对共产主义理想的追求,对马克思主义的科学社会主义信念产生动摇,没有坚定的共产主义信仰,难以明辨是非。在对学生的言传身教中,无法恰当引导学生树立共产主义信念,树立正确的世界观、人生观和价值观,有的教师甚至放大生活中的阴暗面,发表一些偏激错误的言论误导学生。还有,由于党内依然存在腐败现象,少数教师不能坚定共产党的领导、不相信共产党的能力、不能正确评价党的领导,更不能起到为学生排疑解惑的作用。

**2. 价值取向趋于功利**

改革开放以来,市场经济建立起通过财富的物化关系来表现人的价值的平等关系,与此相应的是价值观中个体意识的生成,这种个体意识有时表现出一些错误的功利化倾向:群体意识不强、不关心集体、以自我为中心。少数教师受某些资产阶级腐朽价值观的影响,滋生拜金主义和享乐思想,缺乏奉献精神,讲功利,图实惠,或要求各种不切实际的物质待遇,唯钱唯权。对于公平竞争、勤奋努力等正确的做法则强调、运用不够,这必然会造成不利影响。

**3. 职业道德滑坡**

市场经济本身固有的特点会带来一些消极作用,少数教师过于追求利润、注重回报,职业责任感不强,往往经不住物欲与金钱的诱惑,对金钱过于崇拜,缺乏以身作则的思想观念,导致自身形象欠佳。有的教师对教学质量要求不高,抱怨搞科研、写论文太费脑筋,班级管理不严谨,班级活动缺乏创新与特色,对存在的问题或看不清,或看不透,或视而不见,还自我感觉良好。要求学生遵守纪律,自己则纪律感不强,要求学生重义轻利,自己却为蝇头小利斤斤计较。一些教师对成为一名合格教师信心不足,既缺乏一套"传道""授业""解惑"的"育人"本领,又缺乏忠诚于党的教育事业的使命感。其结果是教师感到教书育人力不从心,自信心不足,表现出当教师难,当合格教师更难的畏难情绪,对教育教学产生厌烦和得过且过的心理。

**(二) 部分高等院校教师自我管控的偏差**

部分教师受国际国内大环境的影响,加上自身抵御不良侵害的能力不足,导致自己思想政治观念模糊,政治方向不明确。

**1. 在各种社会思潮的大环境中迷失**

随着市场经济的建立与发展、对外开放的扩大,教师有更多机会受到社会上某些不健康的思想和西方资产阶级腐朽思想、价值观念、道德观念的影响,部分人遭受腐蚀,滋生拜金主义、个人主义、享乐主义倾向,甚至把赚钱谋利、发财致富作为人生的唯一目标来追求。市场经济的负面效应以经济为中心、获利为驱动、消费为结果,必然导致部分教师重物重利,淡化对精神理想、未来的设计和追求,淡化理论和道德说教,淡化思想文化的意识形态色彩,导致利己主义和个人主义思想不断滋长,少数教师在个人利益驱动下,为谋取个人私利而放松了自己对于社会和学生应尽的责任和义务。

**2. 在现实的阴暗面前沉沦**

当今社会,封建主义特权和官本位现象仍然存在,改革开放带进新鲜空气的同时也飞进了蚊子和苍蝇,社会阴暗面还有一定影响,以权谋私,行贿受贿、弄权勒索、贪污盗窃、走私贩私、偷税漏税、执法犯法、道德败坏等腐败现象屡有发生。社会环境的负面效应,思想政治教育工作在研究现实生活、解决实际问题上的滞后性,高等院校部分教师缺乏应有的思想政治的综合素质,造成他们看不到正义与光明,对现实失望、对自己悲观自怜。

**3. 在思想政治的淡漠中松懈**

在技术突飞猛进、思想意识多元的知识经济时代,部分领导较多关注的是影响学校核心竞争力的教学、科研和学科等工作,"搞专业的就像南瓜越老越甜,搞思想政治工作的就像丝瓜越老越空"。思想政治工作在一定程度上处于"说起来重要、做起来次要、忙起来不要""领导空喊、学校偷懒、教师反感"的边缘化境地。近年来,高等院校的发展和教师个人的进步,职称的评定,对学历、论文、外语水平、计算机能力、教学工作量、科研论文的数量与质量等都有硬性规定,但是对教师的思想政治和道德素质的要求却呈现软性和弹性的趋势。政治学习变成了业务学习,思想政治的权威日益减弱,对思想政治工作的认同感显著降低,对思想政治工作方法越来越拒斥。

**四、加强教师社会主义核心价值观教育的着力点**

**(一)加强制度建设**

思想政治教育是一项持之以恒、长期坚持的工作,如果仅仅限于一般要求,难免流于形式,缺乏实效性。因此需要加强管理,构建一套行之有效的运行机制,增强可操作性,这样才能有所遵循,落到实处。必须建立思想政治考核评价制度,既有阶段性的检查评估,又有年度考核。考核中把教师自我评价、学生评价、家长评价、教师互评和领导考评相结合,对教师的思想政治表现做出客观、公正的评价,并将考核评价结果及时反馈给教师,以便教师调节今后的行为。还应该把评价结果与行政奖励、职务评聘、职级晋升等工作紧密结合起来,作为评选先进、职称晋升、奖励升级的重要依据。加强这种长效机制的有效运行来提升思想政治工作的效果。只有在不断的自我监督、不断的群体检查中才能确立正确的政治思想方向,才能形成理想的教师人格,从而全心全意为教育事业服务。

**(二)加强理论学习**

思想理论素质是教师素质的灵魂,一个教师只有不断地提高理论学习水平,才能树立正确的世界观、人生观,才能不断地增强自身政治意识、大局意识、责任意识,才能切切实实地联系实践,用理论指导实际行动,才能全心全意为教育服务。针对当前高等院校教师队伍建设中不同程度地存在"一手硬，一手软"的现象，要旗帜鲜明地坚持马克思主义在高等院校的指导地位，充分运用学校的学科优势和各种教育方式、方法，组织广大教师认真学习邓小平理论、"三个代表"重要思想、科学发展观，从而进一步提高观察社会、认识社会、了解社会、明辨是非的能力，坚定共产主义的理想信念，正确认识国家、学校和个人的根本利益，把个人的理想、奋斗融入促进国家教育事业发展的实践中，融入为中华民族伟大复兴理想的奋斗中。

**（三）强化党建工作**

高等院校党组织要高度重视做好发展教师党员的重要性，积极发展优秀教师入党，扩大和加深党在教师中的影响力，带动更多的教师向党组织靠拢。要在坚持标准、保证质量的条件下，通过耐心细致的教育、引导和培养，采取措施加大对教师特别是骨干教师、学科带头人的培养力度，不断扩大教师中的入党积极分子队伍，努力把更多的在教学科研工作中发挥骨干和带头作用的优秀教师吸收到党内来，扩大党的群众基础，使党组织不断得到发展和壮大。党的思想政治教育是一项示范性强、指令性弱的长期性工作，常抓不懈并以身作则是关键，因此要充分发挥党员的模范带头作用，要言传身教，率先垂范，要一级带着一级干，一级做给一级看，充分发挥党员干部的示范作用，推动教师更好地履行职业义务，为培养现代化建设人才尽职尽责。

**（四）强化敬业精神**

热爱教育事业，热爱学生，献身教育事业，同一切危害教育事业的行为进行坚决的斗争；对学生负责，对学生家长负责，对教师集体负责，对社会负责，这是对教师的职业要求。针对当前在部分教师中存在的敬业精神缺失的现象，教育管理者和教育单位必须自觉进行敬业精神锤炼。从政治思想上、道德品质上、学识学风上，做到为人师表。同时对少数教师中存在的不良现象要敢于批评教育，严格纪律要求，用先进理念占领高等院校的思想文化阵地。

**（五）注重职业素质**

社会对教师职业的期望很高，要求教师是高素质的模范公民，是"人类灵魂的工程师"，是"燃烧自己照亮别人的人"，在各方面都能为学生做出表率。"十年树木，百年树人"说明人的培养特别是人的思想道德水准的提高是一个较为漫长的过程，思想政治工作是潜移默化的，是于无声处有声、于无为处有为的工作，而这些道德和素质的培养，在于思想政治教育的潜移默化，在于一步步提高教师的道德品位与人格魅力。

**（六）积极组织社会实践**

部分教师虽然具备较为扎实的专业知识，但不同程度地存在着对国情、民情了解不深，对改革开放的伟大实践了解不够，识别错误思潮的能力不强等弱点，因而需要为教师创造更多接触社会、了解民情、熟悉民情的机会。如组织社会考察、参观访问，去改革第一线参加社会实践活动，或者参与工程建设，进行军事训练，扩大学术交流，帮助他们在为地方经济和科技发展做出贡献的同时，深入了解国情、民情，亲身感受改革开放带来的巨大变化，亲眼看到工人、农民在生产第一线不辞劳苦、无私奉献的画面。

**（七）工作到位形成合力**

高等院校党政领导要加强对教师思想政治工作这个实际存在的薄弱环节的领导，宣传部、工会、团委、人事和教学部门等要齐抓共管，共同负责，团结协作，形成合力，不断探索教师思政工作的特点和规律。各部门要更新观念，不断创新，学习和掌握包括网络在内的各种先进的教育技术和手段，利用现代教育技术为思想政治工作服务。同时，各部门抓思想政治工作要抓出实效，不能流于形式、相互扯皮。

## 五、用红色教育资源培养学生社会主义核心价值观

红色教育资源是指历代中国人民在革命、建设和改革实践中

所形成的纪念地、纪念物、标志物。红色教育资源以其所承载的革命历史、革命事迹、革命精神和奋斗精神为内涵。社会主义核心价值观是一个体系，是社会意识的本质体现，其基本内容包括马克思主义指导思想、中国特色社会主义共同理想、以爱国主义为核心的民族精神和以改革创新为核心的时代精神、社会主义荣辱观。大学生社会主义核心价值观的培育是意识形态的培育，或者说是精神层次的培育，精神培育要让学生从感受、体验中认识和接受，精神培育需要对实体或载体产生认知与共鸣，进而升华认识主体的思想感情。红色教育资源因其所承载的历史和事迹浓缩了中华民族的精魂，又容易被大学生认知和理解，能够引起大学生思想上的共鸣，对培育大学生社会主义核心价值观起着十分重要的作用。

**（一）红色教育资源对培育大学生社会主义核心价值观的功能**

中华民族的红色教育资源内容丰富、蕴义深刻，具有鲜明的民族特色和时代精神，具备培育大学生社会主义核心价值观的功能。

**1. 启迪功能**

红色资源展现了革命、建设和改革过程中形成的核心价值，蕴含着马克思主义的世界观、人生观、价值观。一处处遗址，一件件文物，一个个故事，昭示了前辈的崇高理想和价值追求，诠释了中华民族的传统美德和自强精神。这对于启迪大学生高尚的情操、正确的信念、进取的决心、奋斗的热情、拼搏的意志具有重大意义。可以说，红色资源是启迪大学生核心价值的钥匙，能够帮助他们树立正确的世界观、人生观、价值观和社会主义荣辱观，敦促他们成为社会主义事业的合格建设者和可靠接班人。

**2. 引导功能**

红色资源蕴含前人忧国忘家、不怕牺牲、艰苦奋斗、不甘落后的情操与精神风貌，蕴含清正廉洁、克己奉公、鞠躬尽瘁、一心为民的品质与工作本色。这对于大学生增强节俭意识、忧患意识、居安思危、负重创业，立志改变落后面貌具有极大的引导作用；这对于大学生牢记党的宗旨，始终保持艰苦朴素、不骄不躁的优良作风有着警醒作用。亲历红色遗址遗迹，感受红色事迹和精神，可以引导大学生进行深思，从而克服某些贪逸心理。重走长征路，再上高速公路会别有一番滋味；看看延安的窑洞再回温暖舒适的家会别有一种感受；看看"两弹一星"的工作间再回平常实验室会别有一种思考；听听老红军的经历再想想自己的生活会别有一种激情……红色教育资源会引领大学生正确认识自己、认识时代，践行时代精神，从而为时代服务。

### 3. 承载功能

红色遗迹、遗址，红色历史博物馆、纪念馆、陈列馆、烈士陵园等，承载了沉重的风云变幻与历史变迁或历史进程，这些鲜活的事迹和遗迹是一部中华民族的奋斗史、创业史、奋进史。认识这些真实的红色资源就认识了我们民族经历的深重灾难和不屈不挠的斗争，认识这些真实的红色资源就认识了我们民族经历的执着拼搏和永不懈怠的历程。这对于大学生爱国情感的培养、民族自豪感和使命感的养成是一种潜在的威力，用这些思想和精神熏陶人、培养人、教育人，对于培养和造就具有高尚思想品质和良好道德修养的大学生具有现实而深远的意义。红色资源成为大学生思想政治教育和核心价值培育的重要载体。

### 4. 导向功能

红色资源是大学生社会主义核心价值观培育的方向指引，红色资源蕴含积极向上、生机勃勃的文化因子，在价值观念、道德信仰、角色心理、生活方式、人格构建等方面能够起引导和示范作用。随着经济的发展和生活条件的改善，大学生中存在着种种奢侈浪费现象，一些学生穿着比"酷"、造型比"靓"、玩乐比档次、消费比潇洒。发挥红色教育的导向纠偏功能，能够让大学生受到潜移默化的引导，升华德育境界，磨炼坚强意志，充实精神生活，提高政治素养，实现人生价值。

### 5. 方法论功能

红色资源是培育大学生核心价值观的重要方法和手段，极大地丰富了大学生思想政治教育的方式方法。社会经济的发展和网络技术的推广，使学生的知识背景、心理状态、思维方式和接受信息的渠道发生了很大变化，对接受知识教育的要求越来越高。而红色资源教育的功能是在感性认识基础上的理性思考，能够增强对大学生的吸引力、感染力，切实做到思想政治教育的思想性、艺术性和观赏性的有机统一。一位游览了井冈山的学生说："以前在书上读井冈山，那是对井冈山的印象，现在实地参观前辈们生活、战斗过的地方，就能实地感受革命先烈的牺牲精神，让我真正懂得必须倍加珍惜现在的生活，让我真正懂得应该有一颗感恩的心。"

### （二）利用红色教育资源培育大学生社会主义核心价值观的路径

红色教育资源为培育大学生社会主义核心价值观提供了丰富的内容和素材，而要使红色教育资源达到培育大学生社会主义核心价值观的目的，需要采取一些有效的手段和方法。

**1. 充分把握和驾驭高等院校思政教育阵地，灌输红色精神**

课堂是学生接受教育的主阵地。思政教育是党中央国务院培养新时期人才的战略，学习思政课是做人的理论基础，学习思政课是做事的理论指南。高等院校开设了毛泽东思想概论、中国特色社会主义理论、思想品德修养、形势与政策等课程，把红色教育资源和红色精神作为内容教学的辅导材料融入这些课程教学，能使课堂内容更丰富、课堂气氛更活跃。这让教学内容"贴近实际、贴近生活、贴近学生"，既可拓展学生的知识面，又可调动学生的学习积极性，增强教学效果，使理论教学更生动活泼、亲切感人，还能让学生接受红色精神，发扬中华民族的优良传统，认清自己所肩负的伟大历史使命，从而自觉接受社会主义核心价值观培育。

**2. 开展新鲜活泼、形式多样的校园文化活动，把握红色精神**

校园需要营造一种人文氛围，中科院院士杨叔子指出："人文教育是无形的,一个国家没有先进的科学和现代技术,就是落后,一打就垮;而缺少人文文化,不打就垮。高等教育必须把人文教育作为当务之急的问题来解决。"高等院校应该多开辟讲坛、讲座,既让学生多了解社会各个层面的发展,又让学生多了解中国的历史及历史进程中的无数红色记忆和红色精神。网络是一种比较受学生喜爱的工具,校园网络要充分发挥文化堡垒作用,开辟专栏,融红色人物、红色故事、红色精神、时代精神于一体,将革命传统贯穿于学校教育的始终,以此激发学生继承革命传统、弘扬民族精神、践行时代精神的积极性。为了调动学生参与红色文化的建设,可以组织学生聆听革命故事、演唱革命歌曲、排练革命剧本,用生动的事例、鲜活的语言,使学生在潜移默化中受到教育,在主动参与中接受熏陶,构筑社会主义核心价值体系,把校园建设成实践社会主义核心价值观的坚强阵地。

**3. 组织师生参与社会实践活动,塑造红色品格**

学校应该组织学生到周边的革命旧址和社会主义新农村实地参观,聆听现场讲解的有关革命和建设的历史知识以及生产实践知识,让学生切身感受革命传统和现代化建设气息。学校相关部门可以把党团组织活动、主题班会搬到红色基地举行,组织学生到基地汇报成长历程、进行党团活动、召开主题班会,帮助学生树立正确的世界观、人生观、价值观和社会主义荣辱观。此外,还应该有计划地组织相关教师到革命圣地和建设基地考察,拓展教师的社会视野和丰富知识积淀,以便更好地为学生的社会主义核心价值观培育服务。师生经历实践活动后都应该写出自己参与社会实践的感悟和体会,开辟专栏,充分共享资源,共同参与讨论和交流,相互取长补短,提高社会主义核心价值观培育的效率。

## 六、韶山红色资源引领大学生人生观的实证研究

红色资源是指中国共产党领导我国人民在新民主主义革命和

社会主义建设时期由人民创造的,并可以为我们今天所开发利用,能够满足人们需要的各种精神及其物质载体的总和。它由物质载体和精神内核构成,物质载体即在革命和建设时期留下的遗迹、文物、博物馆、纪念馆、展览馆、烈士陵园以及反映红色资源精神的文艺作品及其他表现形式等;精神内核融入了民族精神和时代精神,是中国人民在革命斗争和建设实践中所形成的以爱国、奋进、创新为核心的红色精神,如"爱国、进步、民主、科学"的"五四精神","军民团结、艰苦奋斗"的井冈山精神,"不怕艰难险恶"的长征精神,"改变作风、提高素质"的延安精神,"谦虚谨慎、戒骄戒躁、艰苦奋斗"的西柏坡精神,"艰苦奋斗、勇于开拓"的北大荒精神,"爱国、创业、求实、奉献"的大庆精神,"全心全意为人民服务、无私奉献"的雷锋精神,"自力更生、艰苦奋斗、勇攀科学高峰"的两弹一星精神,"万众一心、众志成城,不怕困难、顽强拼搏,坚韧不拔、敢于胜利"的抗洪精神,"自强不息、顽强拼搏,万众一心、同舟共济,自力更生、艰苦奋斗"的抗震救灾精神。

红色教育资源作为高校思想政治理论课教学的重要内容,拓展了思想政治教育的有效途径,创新了思想政治理论课的教学方法,丰富了思想政治理论课的内容,增强了高校思想政治理论课教学的功效。[1]韶山是中国共产党的缔造者之一,是新中国的开国领袖毛泽东的诞生地,是毛泽东成长和早期从事革命活动的地方。20世纪60—70年代,韶山曾被誉为"红太阳升起的地方",是红色圣地之一。韶山是中国新民主主义革命的纪念地:新民主主义革命时期,韶山诞生了中国农村最早的党支部之———中共韶山支部,这里曾经成为湖南农民运动的中心,毛泽东把韶山农民运动经验通过广州农民运动讲习所推广到全国。韶山是包括毛泽东6位亲

---

[1] 乔湘平,李晓翼.红色教育资源与高校思想政治理论课实效性研究[J].中国成人教育,2009(2):16-17.

人在内的140多名仁人志士为革命捐躯的地方，留下了革命烈士大量的革命故事和革命遗迹、遗物。"为有牺牲多壮志，敢教日月换新天。"这豪气干云的诗句，是对战争年代以韶山特别支部为核心凝成的韶山精神的高度概括。坚定信念是灵魂，敢为人先是核心，团结奋斗是特征，无私奉献是实质，开拓进取是源泉。这种无私奉献的韶山精神，被后人永久铭记和弘扬，成为特有的红色"情结"。

韶山作为全国革命传统教育和爱国主义教育基地的地位早在20世纪60年代即已确立，并且很好地发挥了革命传统教育和爱国主义教育的功能。20世纪80年代，韶山被确定为国家重点风景名胜区，成为全国重要的红色教育基地。因革命遗迹众多，韶山与井冈山、遵义、延安一起被列为中国四大革命纪念地，被评为国家风景名胜区和中国优秀旅游城市。这里有毛泽东诞生和少年时代生活的地方——毛泽东故居，有再现毛泽东在开国大典上伟人风采的毛泽东铜像，有珍藏大量文史资料的毛泽东纪念馆、遗物馆，有展现毛泽东各个革命生涯的纪念陵园，有巍峨耸立的韶峰，有灵秀神秘的滴水洞，有庄严肃穆的韶山烈士陵园，还有新建的韶山红色记忆城等，具有丰富的红色资源。

**（一）韶山红色资源对学生人生观教育影响的问卷分析**

为了了解韶山红色资源教育对当代大学生人生观的影响，2018年5月，笔者从人生价值、目的、意义、道路、幸福观、生死观、荣辱观等方面对6所湖南高等院校的部分学生进行了调研。样本选取了参与学校组织的去韶山参观或自费游韶山的部分学生，共发放问卷660份，收回有效问卷608份，有效问卷率为92.1%。问卷分析如下：

**1. 学生对红色资源教育目的的认同度高**

对于确定韶山作为红色景点的目的，有51.4%的学生认为是接受教育，26.0%的学生认为是怀旧，15.7%的学生认为是图新鲜,还有6.9%的学生认为二者或三者兼而有之。由此可见,红色景点的教育作用基本得到学生认可,有一种思想上的认同——接受教育。大学生对红色资源教育作用的认知如图5-1所示。

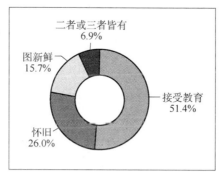

图5-1　大学生对红色资源教育作用的认知

**2. 红色革命精神对大学生人生道路选择影响大**

调查显示,有51.5%的大学生(313人)认为红色精神对当代大学生人生道路的选择有影响,有7.7%的学生认为红色精神对大学生人生道路的选择没有影响,有40.8%的大学生认为说不清楚。在生活比较安逸的和平年代,影响大学生人生道路的因素是多样化的,其选择也会多样化。红色精神对大学生的影响如图5-2所示。

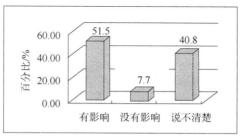

图5-2　红色精神对大学生的影响

### 3. 红色革命精神对激发大学生民族情感有较大影响

红色资源表现的红色精神，对激发大学生的民族情感具有直观的效果，因而作用也很大。数据显示（表5-1），红色精神对激发当代大学生的民族情感有巨大作用，认同率占76.3%；只有3.3%的学生认为没有作用。

表5-1 红色革命精神对激发你的民族情感是否有作用（$N=608$）

| 变量 | 频次 | 百分比/% | 累积百分比/% |
| --- | --- | --- | --- |
| 有作用 | 464 | 76.3 | 76.3 |
| 没有作用 | 20 | 3.3 | 79.6 |
| 说不清楚 | 124 | 20.4 | 100.0 |

### 4. 红色革命精神对激发大学生的社会主义荣辱观作用大

调查显示（表5-2），有83.6%的学生认为红色革命精神对激发社会主义荣辱观有作用，但还是有3.6%的学生认为没有作用。

表5-2 红色革命精神对激发社会主义荣辱观是否有作用（$N=608$）

| 变量 | 频次 | 百分比/% | 累积百分比/% |
| --- | --- | --- | --- |
| 有作用 | 508 | 83.6 | 83.6 |
| 没有作用 | 22 | 3.6 | 87.2 |
| 说不清楚 | 78 | 12.8 | 100.0 |

### 5. 红色革命精神对大学生坚定中国特色社会主义理想具有促进作用

分析调查数据（表5-3），认为红色革命精神对坚定中国特色社会主义理想有作用的有368人，占60.5%；认为没有作用的有66人，占10.9%；说不清楚的有174人，占28.6%。

表 5-3　红色精神对你坚定中国特色社会主义理想是否有作用 （$N=608$）

| 变量 | 频次 | 百分比/% | 累积百分比/% |
| --- | --- | --- | --- |
| 有作用 | 368 | 60.5 | 60.5 |
| 没有作用 | 66 | 10.9 | 71.4 |
| 说不清楚 | 174 | 28.6 | 100.0 |

**6. 在学生成长中，革命英雄影响明显**

调查显示（表5-4），在学生的成长过程中，认为革命英雄产生过影响的有342人，占56.3%；认为没有影响或影响不明显的有266人，占43.7%。在和平舒适、物质条件较好的环境下成长的大学生，接触的革命故事、革命影片不多，除学校的常规教育外，革命英雄的影响可能由兴趣或者爱好决定。

表 5-4　在你的成长中，是否有革命英雄的影响 （$N=608$）

| 变量 | 频次 | 百分比/% | 累积百分比/% |
| --- | --- | --- | --- |
| 有影响 | 342 | 56.3 | 56.3 |
| 没有影响 | 144 | 23.6 | 79.9 |
| 不明显 | 122 | 20.1 | 100.0 |

**7. 假如战争发生，大部分大学生可能会像革命英雄一样勇于献身**

数据显示（表5-5），假如战争发生，会像革命英雄一样勇于献身的有178人，占29.3%；可能会的学生占50.3%，也就是说，假如发生战争，有近80%的大学生可能会像革命烈士一样勇于献身。不会、看情况的学生超过20%，这反映出当今大学生的献身意识、献身精神相对薄弱，也从侧面反映出引导当代大学生树立正确的人生观任重道远。

表5-5 假如战争发生,你是否会像革命英雄一样勇于献身（$N=608$）

| 变量 | 频次 | 百分比/% | 累积百分比/% |
|---|---|---|---|
| 会 | 178 | 29.3 | 29.3 |
| 可能会 | 306 | 50.3 | 79.6 |
| 不会 | 28 | 4.6 | 84.2 |
| 看情况 | 96 | 15.8 | 100.0 |

**8. 当看到英雄人物的感人事迹时,绝大部分学生心理和情绪表现正常**

从所调查的学生来看（表5-6），当看到英雄人物的感人事迹时，表现为感动的学生占93.1%，但没感觉甚至觉得可笑的学生也占4.9%，这说明只有极少数学生的思想意识糊涂、思想感情冷漠、人生观扭曲。

表5-6 看到英雄人物的感人事迹时,心理和情绪方面的表现（$N=608$）

| 变量 | 频次 | 百分比/% | 累积百分比/% |
|---|---|---|---|
| 高兴 | 12 | 2.0 | 2.0 |
| 感动 | 566 | 93.1 | 95.1 |
| 没感觉 | 28 | 4.6 | 99.7 |
| 觉得可笑 | 2 | 0.3 | 100.0 |

**9. 在成长过程中,占半数学生以商业成功人士激励自己**

在成长过程中,占半数的学生会以商业成功人士来激励自己（表5-7）。这说明社会主义市场经济下的人生观正在向追求实在利益倾斜。

表 5-7 在成长过程中，你以哪类人物激励自己（$N=608$）

| 变量 | 频次 | 百分比/% | 累积百分比/% |
| --- | --- | --- | --- |
| 革命英雄 | 71 | 11.7 | 11.7 |
| 历史伟人 | 105 | 17.2 | 28.9 |
| 商业成功人士 | 305 | 50.2 | 79.1 |
| 艺术类名人 | 75 | 12.3 | 91.4 |
| 学者型名人 | 52 | 8.6 | 100.0 |

### （二）发挥红色资源教育作用的对策建议

发挥红色资源的教育作用，使之启发和引导大学生树立共产主义人生观，需要采取一些有效的手段和方法。为了让红色精神贴近学生、贴近生活、贴近实际，需要课堂教学、实践教学、校园文化三元对接的教学模式三管齐下，发挥红色精神的教育功能。

**1. 把红色资源教育纳入常规教学与管理，推进红色资源进教材、进课堂**

红色资源教育是大学教育中必不可少的重要内容，将红色资源引入大学课堂、纳入高等院校教学内容，可以充实现有高等院校思想政治理论课的课程结构体系。而红色资源中蕴涵的为人民服务的精神，实事求是、敢闯新路的创新精神，独立自主、艰苦奋斗的精神，吃苦在前、享乐在后的无私奉献精神，坚定信念、敢于胜利的精神等，给思想政治教育注入了鲜活的内容，对大学生人生观的形成具有启迪作用。红色资源进课堂，不仅具有极强的时代感和地域感，而且直观、形象、生动，如临其境，可以使大学生身心受到革命精神和优良传统的感染和熏陶，这是现有的高等院校思想政治理论课无法做到的。高等院校可以在思想政治理论课各课程的教育教学中贯穿红色资源的有关内容，安排专题讲座；可以根据实际情况开设红色资源教学的选修课，并制定相应的学习任务，提出相应的学习要求；还可以组织人员编写具有地方特色的红色资源辅导读物，帮助学生了解家乡人民在党的领导下英勇奋斗的历史，并从中吸取精神力量。

**2. 把红色资源教育同实践教育结合起来，努力探索体验式的教育方法**

大学生共产主义人生观的形成与稳定应该是在"实践—教育—认识—实践"反复循环的过程中实现的，是一个潜移默化的过程。对大学生进行人生观教育的最佳方式是身临其境的实践体验方式。而红色资源恰恰能够在这方面发挥作用，为大学生的成长教育提供广阔的实践、体验阵地和鲜活的教材，使大学生在身临其境中产生心灵上的共鸣，在潜移默化中实现心灵的升华。人生观教育要坚持"贴近生活、贴近实际"的原则，在应用红色资源对大学生进行人生观教育时，要按照实践育人要求，以体验教育为基本途径。高等院校应当努力与相关红色教育基地建立长期稳定的合作关系，为高等院校思想政治教育实践活动的开展创造便利条件，使高等院校思想政治教育有一个可信的实践基地、一个坚实的平台，让学生调研红色革命史实、开展红色旅游、体验红军生活、重温红色历史、重走红色革命之路、实地参观社会主义新农村等。高等院校应精心设计、组织开发内容鲜活、形式新颖、吸引力强的实践活动，把人生观教育与丰富多彩的活动结合起来，寓教于乐，使大学生自觉参与其中，使其思想感情得到熏陶、精神生活得到充实、道德境界得到净化。实践体验结束后学校要及时组织大学生进行总结、讨论、演讲，以巩固实践体验结果。通过总结工作，帮助大学生扬起人生责任、人生价值、人生追求的风帆，树立共产主义人生观。

**3. 红色资源教育纳入大学文化建设中，构建内容丰富的红色文化体系**

大学校园需要营造一种人文氛围，中科院院士杨叔子指出："人文教育是无形的，一个国家没有先进的科学和现代技术，就是落后，一打就垮；而缺少人文文化，不打就垮。高等教育必须把人文教育作为当务之急的问题来解决。"高等院校应当坚持用红色资源所承载的红色文化来充实高等院校的文化建设,营造校园红色文化传播与教育的氛围,通过发挥校园文化的育人功能,加强对大学生的人生观教育。学校可以以红色资源为主线,经常开展丰富多彩的学术、艺术、娱乐活动;利用学校的展板、宣传橱窗、校报、广播加强对红色资源教育的广泛宣传;在校园网开设"红色网站"或相关专栏,构建红色资源教育的网络阵地;还可以开展红色文化讲坛、红色歌会、红色演讲等活动。总之,学校要努力营造校园红色文化传播与教育的氛围,使红色文化在校园中处处可见、可感、可学,从而使大学生在潜移默化中接受熏陶,把校园建设为实践人生价值的坚强阵地,把大学生培育为昂扬、奋发、拼搏,具有创新精神的朝气蓬勃的社会主义建设者。

# 第六章
## 转型之维：培育意识形态安全的社会人才

一个国家或一个社会，如果没有一种为大多数人所认同的意识形态，那么这个国家或这个社会就难以形成一种统一的精神力量，就会丧失凝聚力和战斗力，其发展就不可能健康、快速和持续。社会主义意识形态是社会主义中国的精神旗帜，是引领社会思潮的强大思想武器，是引导和规范人们行为的思想纲领，是抑制价值观多元化的思想指南。高等院校是培养德智体全面发展的高技能人才的摇篮，加强社会主义意识形态教育，有其重要的现实意义。当前，以自身利益为中心、以经济利益为目的、以轻松获利为荣耀、以娱乐享受为自豪、以自己不吃亏为宗旨的价值观念，在高等院校有一定影响，加强社会主义意识形态教育，矫正高等院校学生的思想和行为，成为高等院校的迫切任务，也是高等院校人才培养的应有之义。

2017年2月6日，中央深改组第三十二次会议审议通过了《新时期产业工人队伍建设改革方案》，强调要加强新时期产业工人队伍建设。产业工人意识形态安全是新时期工人阶级素质的重要指标，是国家意识形态安全的基础。当前，我国社会转型加剧意识形态多元化，整体意识形态安全受到前所未有的挑战，"工人阶级是我国的领导阶级，产业工人是工人阶级的主体力量"，为了实现"造就一支有理想守信念、懂技术会创新、敢担当讲奉献的宏大的产业工人队伍"[1] 的目标，必须高度重视产业工人队伍的意识形态安全。我国高等院校教育占高等教育"半壁江山"，高等院校尤其是高职院校是我国新型产业工人的摇篮，构建适应我国新型产业工人队伍建设的高等院校意识形态教育体系，是我国高等院校教育的责任担当和历史使命，也是我国新时期产业工人队伍建设的重要保障。

马克思主义认为意识形态是代表统治阶级意志、维护统治阶级利益的思想体系，是一种相对独立的力量。《政治经济学序言》中指出，判断一个时代的变革要看两种力量，一种是生产的经济条件方面所发生的物质的、可以用自然科学的精确性指明的变革，一种是人们借以意识到这个冲突并力求把它克服的那些法律的、政治的、宗教的、艺术性或哲学的，简言之，意识形态的形式。美国学者约瑟夫·奈（2004 年）把意识形态作为国家发展的"软实力"，认为软实力是一种能力，"是一种依靠吸引力而非通过威逼或利诱的手段来达到目标的能力"，[2] 强调它对于国家在国际上实现国家利益和扩大对外影响具有不可估量的作用。亨廷顿（1996 年）认为发展美国的国家利益应该在政治意识和普遍价值观上取得新的认同一致，"人类的意识形态已演进全终点和西方自由民主普世化，并且成为人类政府的终极形式。"[3] 美国前总统尼克松（1989 年）强调，如果在意识形态斗争中打了败仗，所有的武器、条约、贸易、外援和文化关系都将毫无意义[4]。在我国，谢雪屏（2009 年）认为，意识形态安全是国家安全范畴

---

[1] 习近平主持召开中央全面深化改革领导小组第三十二次会议 [EB/OL]. (2017-02-06) [2019-10-01]. http://www.gov.cn/xinwen/2017-02/06/content_5165887.htm.

[2] 约瑟夫·奈. 软实力 [M]. 马娟娟, 译. 北京: 中信出版社, 2013.

[3] 亨廷顿. 文明的冲突与世界秩序的重建 [M]. 周琪, 张立平, 译. 北京: 新华出版社, 1996.

[4] 弗朗西斯. 历史的终结 [M]. 刘榜离, 王胜利, 译. 呼和浩特: 远方出版社, 1989.

的有机组成部分之一,是国家安全的深层内涵[1]。邓国林(2013年)对高等院校意识形态安全建设的意义、挑战、建设原则、建设平台、运行机制进行了探讨。侯欣(2017年)提出,在新媒体视阈下运用四个途径维护高校意识形态安全[2]。

## 一、意识形态安全教育是高等院校的根本

"意识形态"一词最初由法国思想家特拉西(1796年)正式提出,意指"观念学说"或"观念科学"。此后西方学术史的"意识形态"成为内容庞杂、性质诡异、意义含混、使用频繁的学术对象。黑格尔(1807年)所说的"意识形态"或"意识诸形态"指的是一切精神现象。德国哲学家卡尔·曼海姆(2000年)在《意识形态与乌托邦》中从知识社会学的视角对意识形态的含义、类型进行了分析,把意识形态分为"特殊的意识形态"和"总体的意识形态"。马克思、恩格斯主要是从否定的意义上来使用意识形态概念的,认为意识形态是代表统治阶级意志、维护统治阶级利益的思想体系。在意识形态安全教育方面,国外一般在人文素质课程里进行渗透,如把它放在公民教育、法律教育、爱国教育等各种公共教育课程中进行隐形教育。在20世纪20年代,美国在思想教育方面出现了皮亚杰和杜威的德育理论,后来的价值澄清理论、道德认知发展理论、社会学习理论等陆续兴起,特别是柯尔伯格的道德教育方法在西方国家的意识形态教育中影响很大。当前,西方国家的意识形态安全教育融合并吸收社会学、政治学和传播理论,在教育形式和理念上有很大创新。如西方学者拉斯韦尔(1948年)的传播模式、拉扎斯菲尔德(1940年)的"两极传播"理论、霍尔(1931年)的编码与译

---

[1] 谢雪屏.全球化背景下的国家意识形态安全[J].吉林师范大学学报(人文社会科学版),2009(2):62-66.

[2] 侯欣.新媒体视阈下维护高校意识形态安全的四种途径[J].学校党建与思想教育,2017(1):77-78.

码理论、霍夫兰（1953年）的传播与劝服理论，等等。

在我国，意识形态研究从马克思主义传入正式开始，直到当前仍然作为一种政治实体，是国家层面十分重视的政治问题。宋惠昌（1993年）认为，意识形态包括一定的政治、哲学、法律、艺术、道德、宗教等社会学说和观点。童世骏（2006年）认为，对本阶级根本利益的认识就是意识形态。郑永廷（2000年）认为，意识形态的本质特征是阶级性。俞吾金（2009年）认为，意识形态具有实践性、总体性、阶级性、掩蔽性和相对独立性五个方面的特征。

关于意识形态安全，谢雪屏（2009年）认为，意识形态安全是国家安全范畴的有机组成部分之一，是国家安全的深层内涵。石中英（2004年）认为，意识形态安全是文化安全的核心和重要内容，是衡量文化安全程度的一个重要尺度。袁三标（2010年）认为，意识形态安全要求群体在思想上、政治上、价值观念上的个性和分歧从属于共同的社会信仰、政治理想和主导价值，是一种状态或能力。田改伟（2005年）认为，政治信仰安全、道德安全和宗教信仰安全是意识形态安全的重要内容。郭明飞（2009年）认为，意识形态安全应该是社会指导思想、社会政治信仰、社会道德秩序、民族精神四方面的安全。吴琦（2011年）认为，意识形态安全主要是指主流意识形态安全，也可以称为国家意识形态安全，这种国家意识形态安全的实质是指一个国家的主流意识形态地位不受任何内部或外部的威胁而处于相对稳定的状态。

对我国大学生意识形态安全教育的研究一般是包含在高等院校思想政治教育和主流意识形态教育中，温兆标（2013年）从内容、方法、路径、环境、队伍、评估方面探讨了对大学生主流意识形态教育进行创新的方法。陈福生、方益权、牟德刚（2008年）总结了大学生思想政治教育的发展与基本经验，从目标、内容、实践体系等方面进行大学生思想政治教育建构。徐锋（2013年）梳理了中华人民共和国成立以来大学生思想政治教育状况，总结了其基本发展规律。杨立英和曾盛聪（2006年）提出创新社会主义意识形态安全教育必须以人格尊重为前提。许阳和许春玲（2011年）从宏观和微观方面分析了对大学生进行主流意识形态教育的意义。

新时期我国经济社会发生了重大变化，经济全球化和一体化加速了思想意识的相互冲击与变迁。市场经济的发展与多种经济形式的交叉混合，造成了工人阶级队伍的复杂化。我国高等院校教育的发展促进了产业工人文化水平和技术水平的不断提高，但技术发展与思想意识建设并不是完全协调的，如何加强高等院校意识形态教育，培养具有合格思想意识的产业工人队伍需要两者的高度耦合。当前，我国高度重视大学生意识形态教育。但是，把产业工人队伍建设的意识形态安全与高等院校意识形态教育相结合的探讨并不多见，在实践中存在学校意识形态教育与产业工人队伍思想建设"两张皮"的问题。因此，新时期产业工人队伍建设要把高等院校意识形态安全教育作为核心内容和主要抓手，这不仅有着重大的理论意义也有重要的现实意义。

党的十七大报告明确提出"建设社会主义核心价值体系"，标志着中国共产党对中国特色社会主义的认识已从制度层面深入价值观层面。社会主义意识形态是社会主义核心价值体系的内核和本质，可以集中反映我国和谐社会所追求的价值尺度和文化观念。进行社会主义意识形态教育，首先要确立社会主义意识形态。学者吴新文（2009年）认为，国家为基、人民为本、社会为先、天下为怀，正义、富强、民主、文明、和谐是社会主义意识形态的主要内容。社会主义意识形态教育是学界研究的重点领域。在中国知网期刊全文数据库搜索，2007年之前没有一篇社会主义核心价值体系的文章。社会主义核心价值体系提出之后，社会主义意识形态教育迅速升温。对于社会主义意识形态教育，学者们主要从两个维度进行探讨，一是如何将社会主义意识形态教育与职业道德相结合，二是关注大学生社会主义意识形态的教育

(李建华，2010年)。对于学生的社会主义意识形态教育，学者们普遍认为，应该将课堂知识性传授与生活体验性培育有机结合，这样才能最终实现社会主义意识形态的内化，从而引领个人行为，坚定个人的马克思主义信念。

高等院校的教育对象正处于世界观、人生观、价值观形成的重要阶段，在当前思想多元化、价值观多元化的社会转型期，旗帜鲜明地进行社会主义意识形态教育，能够有效地引领高等院校教育的人才培养，实现教育的真正使命。

## 二、大学生社会主义意识形态教育的内容体系

对高等院校而言，加强社会主义意识形态教育，最基本的是应该进行民族精神教育、社会责任教育、理想信念教育、诚信道德教育。

### （一）民族精神教育架起生活之魂

民族精神是一个国家、一个民族兴旺发达的精神支柱，是维系本国、本民族人民生存发展的根基。任何一个民族，如果没有昂扬奋进的民族精神，没有坚韧不拔的民族品格，没有万众一心的民族志向，就不可能在世界民族之林中拥有自己的地位，产生自己的影响。中华民族在五千多年的发展中，形成了以爱国主义为核心的团结统一、爱好和平、勤劳勇敢、自强不息的伟大民族精神。民族精神是中华民族得以维系和凝聚的精神纽带，对中华民族的生存和发展起着精神支柱、精神动力的作用。高等院校是培养既有理论基础又有动手能力的高素质技能型应用型人才的摇篮，要培养社会主义建设的主力军，因此，民族精神教育是高等院校教育的根基，应该宣扬和实践井冈山精神、长征精神、两弹一星精神、焦裕禄精神、雷锋精神、抗洪抗非典精神、抗冰救灾精神、抗震救灾精神，激发受教育者的民族意识、民族精神、民族凝聚力，使他们感悟生活之真谛。

### （二）社会责任教育鼓起追求之志

自古以来，那些担当中华民族脊梁的中华儿女，总是通过承

担社会责任的方式来实现人生价值。从"哀民生之多艰"的屈原到笔笔见血忍辱负重的司马迁；从金戈铁马精忠报国的岳飞到留取丹心名垂青史的文天祥；从誓死变法血荐轩辕的谭嗣同到称自己志行薄弱唯有以死报国的陈天华；从为实现民主共和理念的孙中山到为解放贫苦大众的毛泽东；从改革开放的总设计师邓小平到科学发展改善民生的胡锦涛……他们担当的是社会责任，他们追求的是国家的发展。高等院校教育的目的是培养能够承担建设中国特色社会主义的可靠接班人，中国特色社会主义建设是一项光荣而艰巨的事业，那些以一己之利为目的、以自我中心为宗旨的狭隘思想是与之格格不入的。很难想象，一所缺乏社会责任意识的高等院校会是合格的高等院校，在培养青年学生社会责任意识方面缺乏完善机制的教育会是成功的教育。个人的价值是有限的，社会和集体的事业却是无限的，只有将个人有限的生命和社会无限的事业联系在一起，担当国家兴亡和民族兴衰的人生追求才有意义。

（三）理想信念教育搭起奋斗之梁

理想信念对人生历程起着重要的导向作用。崇高的理想信念可以使受教育者明确方向、振奋精神，不论前进的道路如何曲折、复杂，都可以满怀信心，不迷失前进的方向。邓小平曾多次强调教育青年一代树立坚定的社会主义、共产主义理想信念的重要性。邓小平同志说，"现在中国提出'四有'，有理想、有道德、有文化、有纪律。其中我们最强调的，是有理想。根据我长期从事政治和军事活动的经验，我认为，最重要的是人的团结，要团结就要有共同的理想和坚定的信念"[1]。树立了崇高理想，就不至于把自己的理想简单定位于挣钱，就会胸怀更宽广、视野更宽阔、立足更高远。而且，为人民的共同事业奋斗，付出了艰苦的努力，人民不会让其只是过"苦行僧"式的生活，自然而然会收获自己的回报。高等院校教育应该让受教育对象融个人理想

---

[1] 邓小平.邓小平文选：第3卷[M].北京：人民出版社，1993.

与社会理想于一体,像小河融入大海一样,大海有水小河满。

### (四) 诚信道德教育夯实人生之基

诚信道德是中华民族五千年文明积淀下来的优秀传统道德,是青年学生应当继承和发扬的优良传统和需要培养的优秀道德品质。诚信,即诚实守信。所谓诚实,就是指忠诚老实,不讲假话,能忠实于事物的本来面目,不歪曲、不颠倒事实,光明磊落,处事实在;所谓守信,就是说话算数,信守诺言,讲信誉,重信用。学生的诚信意识越完善,对自己的诚信意义就理解得越深刻,就会自觉地按照正确的诚信规则来做事。学校诚信道德建设,首先要加强对学生的诚信意识教育。为此,高等院校教育应该通过组织学生学习、继承和发扬中国传统美德、吸纳国内外优秀道德准则、开展诚信教育活动、树立诚信榜样等多种渠道来培养学生的诚信意识,教人求真、学做真人。学雷锋活动不能扛起扫把拍个照了事、志愿者活动不能靠写汇报材料代替实际行动。对高等院校教育而言,教育是培养生产、建设、管理、服务第一线需要的德智体美劳等方面全面发展的高级技术应用型专门人才,应当诚信为本、道德为基,踏踏实实做人、勤勤恳恳做事。

## 三、加强高等院校社会主义意识形态教育的着力点

加强高校马克思主义意识形态教育是抵制西方资产阶级意识形态渗透的迫切需要,也是我国社会主义现代化建设事业的内在诉求。[1] 高等院校社会主义意识形态教育,必须形成具体的制度措施,加强课程建设,完善思想政治教育工作队伍,形成良好的监测体系。

### (一) 加强管理制度建设,为实施社会主义意识形态教育提供制度保障

从学校教育内部而言,学校和教师要充分认识到将社会主

---

[1] 黄如松.高校意识形态教育的现状及其对策 [J].江苏高教,2012 (4):128-129.

意识形态教育作为学校教育的重要任务，确定意识形态教育在所有教育内容中应占的比例，并根据高等院校的特点和培育目标，设计教学内容、活动方案，同时还要修改和完善包括学生守则等在内的原有学校教育中与价值观直接相关或间接相关的制度和内容，使之更加符合培养学生树立意识形态的需要。通过广播、影视、校园网、报纸、杂志等媒介大力宣传社会主义意识形态对于学生成长成才的重要意义，大力宣传开展社会主义意识形态培育工作的成绩和经验，积极促进社会主义意识形态在最短的时间里最大限度地形成思想共识。反过来，浓厚的宣传学习氛围又会积极促进培育社会主义意识形态工作的顺利开展。

**（二）加强课程建设，为实施社会主义意识形态教育提供基础保障**

高等院校教育的课程主要是专业课与公共课、基础课，课程的设置与时间安排存在过于专业化、技能化、显性化等诸多弊端。根据教育的培养目标，教育对象的素质可划分为：身心素质、思想品德素质、人文素质、专业素质、社会活动素质。高等院校课程要实现上述目标，就必须重视课程的构建，高等院校课程的内容不能单一地指向科学世界，必须要注意科学知识与人文素养的融合；其内容不能单一地指向技能维度，应指向三个维度：职业技能维度、职业知识维度、职业情感态度维度，后者往往是在课程内容选择和设计时容易忽略的，但是它在培养职业素养中非常重要。加强社会主义意识形态教育，就必须加强课程改革。例如美国，其社会意识形态教育渗透到公民权利和义务教育、国民精神教育、道德教育、宗教教育和历史教育等各方面，在学校课程（显在的历史、文学、社会科学以及科学技术等正式课程和潜在的校园建设、校风、班风、课外活动、教师榜样以及学校规章制度等隐性课程）中渗透公平、平等、竞争、爱国意识，用价值灌输、价值澄清、道德推理、价值分析等方法进行意识形态教育（玛多娜·墨菲，2002）。我国的高等院校课程同样有必要渗透社会主义意识形态。

**（三）加强教育者队伍建设，为实施社会主义意识形态教育提供主导支撑**

教育工作者因为具有特殊的职业身份和职业责任，他们的言传身教对受教育者及社会有着不同于一般人的影响力。教育工作者的研究成果和他们的教育工作以及价值观，对整个社会的观念走向，对受教育者的影响都非常重要。日本学者堺屋太一指出，"使苏联的社会主义体制走向崩溃的其实是社会主义文化，也就是人们不再相信社会主义观念、理想和领导层的决策和人品"。我们应该促使教育工作者坚持以马克思主义为指导，发挥认识世界、传承文明、创新理论、咨政育人、服务社会的重要作用。在对学生进行社会主义意识形态教育时要理直气壮，把社会主义意识形态融入教学内容和教学全过程，言传身教而不是灌输说教，引导教育学生树立正确的幸福观、苦乐观，这样才能有效引导学生对社会问题进行正确思考，形成正确认识。社会主义意识形态教育不仅要体现在思想政治课上，还要贯穿到其他学科的教学和社会实践活动中，同时也要注重依托本地文化和红色资源等有形化的载体开展价值观教育。在具体培育学生社会主义意识形态的过程中，教育者要积极借鉴教育学、心理学、传播学等学科的理论成果和信息技术领域的最新方法。

**（四）加强监测反馈，为实施社会主义意识形态教育提供可持续保证**

社会主义意识形态教育要想取得效果，就要长期坚持，为防止流于形式和松懈忽视，还需要监测反馈。"十年树木，百年树人"，高等院校的社会主义意识形态教育是一项长期系统的工程，需要持之以恒，不能放松，要时时做检查、修正，因此需要耐力和耐心。社会有利欲诱惑、有杂乱纷扰，社会主义意识形态容易受到冲击。高等院校教育应该把握方向，加强监测。举办演讲、征文、辩论等活动，弘扬正气，增强受教育对象的抵抗能力；组织社会现象大讨论，灌输正确的思维意识和思考方法，嫉恶扬善；组织社会问题大辩论，理解教育对象的思想发展状况，及时纠正思想偏差。高等院校教育强调做学合一，社会主义意识形态教育同样可以开展教、学、做合一活动，在实训、顶岗的活动中，加强教育对象的思想考核、完善教育对象的身心体验，使他们自觉践行社会主义意识形态。另外，高等院校还应提供社会主义意识形态教育的互动平台，使学生、教师、管理者都能了解相互之间的动态，倡导积极向上、追求进步的优良风尚。

### 四、建设适应新时期的大学生意识形态安全教育体系

#### （一）新时期社会主义建设者与高等院校教育的共生关系

高等院校意识形态安全教育作为社会主义建设人才培养的核心和抓手，是由高等院校教育与新时期社会主义建设人才培养的共生关系决定的。

**1. 高等院校是培养社会主义建设者的摇篮**

截至2020年5月，我国在校大学生总数超过4 000万人，2020年我国高等院校毕业生人数超过800万，这个庞大群体毕业以后大多进入工厂、企业、机关、事业单位，成为新时期的社会主义建设者。高等院校学生的素质决定未来建设者的素质。因此，我们必须高度重视大学生的成长，并且应该促进学校和企事业单位的有机对接，这样不仅有利于学生成长，也有利于高等教育实现人才培养目标。在高等院校教育期间，要培养学生正确的意识形态，确保我国人才队伍意识形态安全；要注重职业素养教育和技术技能教育，确保我国人才队伍的良好声誉。高等院校教育从思想、品德到技术技能的培养状况决定我国人才队伍的未来状况，大学生的素质和能力决定我国社会主义建设者的素质和能力。因此，我们必须从高等院校教育抓起，严格注重学生思想意识形态的安全性，培养新时期思想过硬的人才队伍。

**2. 人才质量决定高等院校的发展前途**

大学生是中国特色社会主义建设的依靠力量，是中国特色社

会主义事业发展所需要的人才，大学人才培养的水平和层次，影响中国特色社会主义建设的进程和质量。高等院校的动力源泉和影响力来源于大学生在中国特色社会主义建设中的贡献和作为，来源于大学生在中国特色社会主义建设中赢得的认可和好评，来源于社会的赞誉和好的反响。我国社会主义建设行业是高等院校人才的主要归宿，人才的需求状况决定着高等院校教育的发展状况，人才素质要求决定着高等院校学生的培养目标。因此，高等院校发展的未来走向是我国社会主义建设行业的需求决定的。

**3. 培育合格人才是高等院校和社会互利共赢的途径**

高等院校是学生成长和不断提升的场所，社会工作岗位是学生生存和施展才华的主要空间，学校和社会的存在和发展都以学生为主要载体，学生的质量和发展依靠学校和社会共同支撑，培养合格人才是实现学校、社会互动共建互利共赢的途径。高等院校是新时期人才队伍建设的前沿阵地，政府、企事业单位依靠高等院校的人力资源不断补充人才，政府、企事业单位依靠高等院校进修培训提高员工知识水平、理论素养、创新思想。高等院校学生实习需要政府、企事业单位，需要熟练师傅传帮带，就业也需要政府、企事业单位。因此，高等院校要进一步理解意识形态安全教育的内涵，丰富、深化社会主义意识形态安全教育的理论和内容，推动当代高等院校意识形态安全教育的创新和发展，完善新时期意识形态教育的相关理论，引导大学生认同社会主义意识形态，促进大学生的自由全面发展，巩固社会主义意识形态在高等院校的主导地位，维护我国社会主义建设的意识形态安全。

**（二）新时期大学生意识形态安全遭受严峻挑战**

新时期经济社会发生了重大变化，经济全球化和一体化加速了思想意识的相互冲击与变迁。市场经济的发展与多种经济形式的交叉混合，造成了意识形态的复杂化。我国高等教育的发展促进了各行业劳动者文化水平和技术水平的不断提高，如何加强高等院校意识形态教育，培养合格思想意识的人才队伍面临严峻挑战。

**1. 全球化的挑战**

全球化是当前社会经济发展的重大趋势，对我国经济、社会、政治、文化等产生了全面影响，必将对大学生和高等院校产生多重挑战。全球化使我国经济融入世界市场，我国经济也必须按照全面市场经济的原则参与国际竞争。我国由传统计划经济体制和机制变迁而来的经济发展制度，为了增强全球适应性必将不断进行相应的市场化改革，这必将深刻影响大学生的工作环境和思想观念。同时，全球化在促进各国政治文化加速交流的同时，也导致国外各种思想意识涌入国门，影响大学生的思想意识，特别是全球各种思想意识观念在新媒体、信息化时代不断涌进，高等院校学生的思想意识不再单纯，而是经受各种思潮的熏陶和洗礼。因此，全球化为我国经济带来了活力，同时也对我国意识形态的安全造成了严峻冲击，加大了高等院校培养大学生主流意识形态教育的难度。

**2. 社会转型的挑战**

当前，我国传统社会向现代社会加速转型，中国正处于社会主义初级阶段和市场经济体制逐步确立的转型时期，社会变革已经渗透到各个领域，社会主义市场经济体制不断形成，社会的经济成分、组织形式、就业方式、利益关系和分配方式不断从计划经济向市场经济转型，趋向多样化，人们对社会主义意识形态的理解产生了模糊认识。从马克思主义经典理论来看，公有制和计划经济是马克思主义存在和发展的经济基础，工人阶级是马克思主义存在和传播的阶级基础。但市场经济体制下以公有制为主体、多种经济方式并存的所有制形式，导致了经济成分的多元化，使马克思主义所依存的经济基础受到了严重的挑战。市场经济的发展造成的分配方式多样化和价值取向多元化，使人们分化为不同的利益群体，人们按利益划分群体的模式使人们对于阶级的归属意识开始弱化，马克思主义的阶级基础开始在部分人身上动摇。马克思主义面临的挑战无疑导致以马克思主义为指导思想的社会主义意识形态面临同样的挑战。

### 3. 信息化的挑战

在信息化时代到来之前,受信息传播途径的限制,我国有效地控制新闻传媒和文化宣传队伍,自上而下地将社会主义意识形态直接传播给大学生,保障了社会主义意识形态一元化的至高地位。当前,处于网络信息全球化时代,信息传播途径不断拓展和便捷,而且内容丰富应接不暇,在各种利益的驱使下,一些人淡化了社会主义意识形态,接受了一些西方价值观和思想意识,导致思想意识形态观念的弱化。事实上,网络是一个全球互动、虚拟自由、快捷开放的信息系统,这一特征导致党和国家对意识形态的控制和导向面临巨大难度。网络的发展也使西方在信息传播上占据优势。目前,我国80%的网上信息是美国提供的,90%以上的信息是英语,我国的信息输出量仅占全球互联网信息量的0.05%。因此,信息网络的发展其实是为西方的思想渗透提供了更宽广的平台。社会主义意识形态的影响力被网络中各种各样的思想意识所吞噬,社会主义意识形态的传播受到严重影响。

### 4. 西方国家的渗透挑战

在苏联解体、东欧剧变以后,美国等西方资本主义国家将"和平演变"的矛头直指正在崛起的社会主义中国。作为和平演变的核心内容,思想渗透依然是他们采取的重要手段,他们不断对中国进行着"西化"和"分化"的渗透,依靠西方国家的强大经济实力,通过强大舆论和媒体传播实力,大力宣传西方价值观及生活方式,并企图通过各种方式摧毁中国的民族精神和时代精神,力求颠覆中国人民对社会主义意识形态的坚持。正是在这种西方国家设置的意识形态陷阱的思想渗透下,部分大学生淡化了对意识形态的坚持,导致社会主义意识形态对大学生的指导地位受到严重削弱。

### 5. 文化变迁的挑战

随着社会现代化进程和我国市场经济的进一步发展,我国文化领域呈现多元化态势，传统文化与现代文化相互交融冲突、民族文化和西方文化剧烈碰撞，人们的思想观念和意识形态发生裂变，部分大学生的价值观发生变化，共产主义信仰被资本主义的拜金主义、享乐主义、利己主义侵蚀。在市场经济文化下，倡导公平竞争、效率优先、利益导向，不断冲击着社会主义的奉献精神、利他主义、大公无私等观念，而多元经济体制下的资本主义文化也影响着人们勤劳致富的意识观念。因此，思想文化多元化催生的人们价值需求的多元化，使社会主义意识形态下的马克思主义一元化指导思想被淡化，要在多元文化中整合社会主义意识形态必须应对严峻挑战。

（三）适应大学生意识形态安全的高等院校意识形态内容体系

当前，随着我国高等教育的飞速发展，高等院校意识形态教育将影响我国新时期社会主义建设者意识形态的整体水平，完善高等院校意识形态教育内容，强化高等院校意识形态教育是新时期人才队伍建设的重要保障。

**1. 社会主义意识形态教育**

社会主义意识形态教育，是大学生意识形态安全的基础。虽然对高等院校的社会主义理论教育的深度要求不高，教育目的也不是让大学生背诵理论知识，具有很高的理论水平，但是要让其树立牢固的社会主义思想意识形态，能够坚持用社会主义基本原理分析问题和解决思想问题。因此，在完善社会主义理论体系的同时，重点要加深高等院校学生对社会主义建设理论的理解以及树立社会主义思想观念，通过生动浅显的教学，使高等院校学生乐于接受社会主义意识形态，确保意识形态的社会主义方向。

**2. 共产主义理想信念教育**

共产主义理想信念是新时期社会主义建设者的必备素质，要结合当前的形势特点，编好教材，让高等院校学生在学习中不断养成共产主义的理想和信念，强化社会主义的思想观念。共产主义理想信念主要包括什么是共产主义、共产主义能否实现、为什么要树立共产主义理想信念等诸多内容。

**3. 职业道德与工匠精神教育**

职业道德教育是新时期大学生保持良好意识形态的重要基础,也是社会主义意识形态的重要组成部分。职业道德教育包括对本行业的热爱、对顾客消费的关注、对产品质量的爱护、对工作的热情和对本职业伦理方面的警惕等内容,要培养高等院校学生的敬业精神和职业理念。随着消费结构与消费层次的改变,产品品质与工艺成为产品销售的重要内容。工匠精神是现代产业工人必须具备的一种高尚精神,如何培养工匠精神是当代高等院校意识形态教育的重要内容,也是未来社会主义建设者必须具备的基本素养。工匠精神包括精益求精的精神、坚持不懈的精神以及追求完美的精神等。高等院校要在思想品德课堂和专业教学中,进一步做实"大国工匠"品牌,健全"大国工匠"培养,引导大学生养成立足本职、爱岗敬业、执着专注、精益求精、一丝不苟、追求卓越的职业素养。

**4. 现代精神与现代意识教育**

现代精神是一种求实创新的精神,新时期大学生不仅要具备技术技能,而且要具备现代精神和现代意识。现代意识教育是新时期大学生必须具备的一种意识,是树立社会主义意识形态的重要基础,只有脱离了愚昧,具有现代科技精神、具有现代管理水平,大学生才能在奋斗中树立深刻的共产主义意识形态,才能达到新时期社会主义建设者的标准。因此,培养学生的现代意识,也是高等院校人才培养的重要任务。

**(四)适应中国特色社会主义建设的高等院校意识形态安全教育路径**

新兴工业化国家吁求阶级意识与民族意识的统一而不是对立,产业工人亟待将其阶级身份与公民身份有机结合起来。[1]

---

[1] 陈周旺. 国家、工人与认同斗争:回溯至马克思[J]. 复旦学报(社会科学版), 2015 (2): 42-47.

高等院校意识形态安全教育具有多重目标,必须结合我国社会主义国家的特殊要求,选择好高等院校意识形态安全教育的可行路径,构建高等院校全员育人、全方位育人的意识形态教育体系。

**1. 以高等院校思想政治教育课堂为依托**

高质量的思想政治理论课对提高高等院校学生思想意识理论水平至关重要。要以高等院校思想教育的课堂为重点,及时更新思想教育的内容,完善教师知识结构,提高师资水平。据调查,近50%的大学生最喜欢知识渊博的教师讲授思想政治理论课。因此,思想政治理论课教师应该专博相济,努力成为学识渊博者。比如,教师要拥有扎实的理论功底和相关的专业知识素养,能够把握本专业最新的理论动态;教师要及时更新自己的知识体系,努力成为杂家,了解与本课程相关专业领域的知识并运用于教学活动中;还有,教师要创新教学方法,更贴近学生实际。总之,教师要精心设计和组织教学活动,增强课程的吸引力和感染力,从而提高思想政治教育的时效性。

**2. 以辅导员思想教育工作为重点**

辅导员思想教育是大学生思想意识教育养成的重要渠道,在高等院校学生中,辅导员伴随他们的学习生活全过程,成为高等院校学生意识形态安全的守门人。事实上,高等院校学生在学校里接触最多的是辅导员,交往最密切的也是辅导员,大至理想信念、小至卫生检查,学生与辅导员无不发生密切联系。辅导员的素质和能力不仅将对学生思想政治教育工作产生至关重要的影响,而且辅导员的工作方式还直接影响学生意识形态安全教育的效果。因而,辅导员是大学生意识形态安全教育的重要使者。要充分利用辅导员的优势,使辅导员成为学生的领路人。加强辅导员队伍建设,使辅导员具有高度的事业心和社会责任感,承担起大学生意识形态安全的使命和职责,用人文情怀去关心学生、教育学生,用自身言行去影响学生。

**3. 以专业课教师的言传身教为抓手**

言传身教是教书育人的基本方法。在加强学生意识形态教育中,更要重视言传身教的作用。教书育人是一项具有政治倾向和道德伦理性的实践活动,无论在课上还是课下任何一个教师都是学生心灵的导师,无论是讲授社会科学还是自然科学,都必须承担起言传身教影响学生思想意识的特殊角色。作为大学生,他们在学校并不满足于接受知识,他们更趋向于怎样做人,怎样实现自我欲求,因此,专业课教师必须在传道授业的同时通过自己的人格魅力去影响学生。在高科技的现代信息社会,学生通过各种媒体已经了解了很多知识,他们需要通过观察和思考,通过看教师怎么做来修正自己的行为。因此,高等院校的专业课教师既要做到"学高为师",更要做到"身正为范",做学生的人生导师。

**4. 以学生干部为重要依靠力量**

学生干部是学生思想政治教育过程的重要榜样力量。一般而言,学生干部都是在德智体美等方面表现优秀的学生,他们有着高度的历史责任感,深得学生信任;他们了解学生的思想意识动态,知道学生的思想意识需求,是学生自我教育、自我服务、自我管理的重要资源,是学生思想意识教育的重要力量。一个优秀的学生干部就是一个榜样,对周围的学生起着其他方式不可替代的示范作用。因此,高等院校要高度重视学生干部在意识形态教育中的核心作用,着力培养出一支成绩优良、品德高尚、工作能力强、值得信赖的班级干部队伍,充分发挥学生干部在联系、团结、教育学生方面得天独厚的优势。

**5. 以现代新媒体为重要平台**

现代新媒体日益成为学生意识形态教育的重要平台,同时也是干扰大学生思想意识形态的负面力量,因此,要科学利用这一平台。网络社会是一个无中心的资源共享、多元价值共存的社会,各种道德的、非道德的、反道德的信息充斥网络空间。现代新媒体网络平台具有开放性和及时性,使学生的人际网络变得无限宽广与直接。特别是新媒体信息鱼龙混杂,如果学生缺乏道德自律和鉴别能力,就很可能放纵本我的欲念,偏离道德的轨道,倾向接收网络负能量。因此，对于现代新媒体，我们不仅要提高应对能力，而且要充分利用它的优势为学生意识形态安全教育服务。进一步引导学生提高"思想保健"能力，把自律与他律结合起来，充分利用现代信息化手段和途径培养高等院校学生的健全人格和高尚情操，自觉构筑抵制不良冲击的"防火墙"。

**6. 以校园文化为教育软动力**

校园文化具有重要的育人功能，建设和谐的校园文化，对大学生形成积极向上的人生观、世界观、价值观具有潜移默化的作用。因此，学校必须有力地发挥校园文化对学生文化育人的作用，有意识、有目的地创建和营造一个现代化校园文化教育平台，促进专业学习、拓宽知识面、培养创新精神和社会实践能力、养成良好素质、发展个性特长。从凝练社会主义意识形态和核心价值理念等要求入手，研究如何从大学生意识形态大众化、生活化、法治化、制度化等诸方面，探索大学生意识形态安全教育的创新机制。

**（五）适应中国特色社会主义建设的高等院校意识形态安全教育保障**

高等院校意识形态安全教育关系到人才培养的质量，关系党和国家的生死存亡。因此，必须旗帜鲜明，不能遮遮掩掩和弱化，要让社会主义意识形态在高等院校扎根。

**1. 发展经济提供物质保障**

要加快经济发展，建立强大的经济支撑，彰显社会主义制度的优越性，让大学生的意识形态与现实利益结合起来，以经济发展保障大学生的就业，稳定他们的经济基础，进一步坚定他们对社会主义信仰的信心。对于大学生来说，要关心他们的劳动环境建设，优化就业环境，提高大学生的就业率，保障国家经济发展和机关企事业单位对他们强大的吸引力，成为他们勤劳致富安居乐业的归宿。同时，要提高大学生的待遇，提高大学生的原动力，让普通大学生也有工作的幸福感。

**2. 全面从严治党提供政治保障**

全面从严治党是加强党的领导的迫切要求，当前的某些党风政风影响了社会主义意识形态的纯洁性。要通过全面从严治党，消除党内腐败，重塑共产党清正廉明的形象。强化政风、学风建设，优化校园环境和社会环境，重塑社会主义事业和共产党人的形象，提高社会主义意识形态的感染力和亲和力。

**3. 完善评价体系提供标准保障**

要完善对高等院校意识形态安全教育的评价，严格按照社会主义意识形态教育的要求，开展检查和评估，监督各高等院校严格完成思想品德的教学任务。同时，加强对高等院校学生意识形态的跟踪调查，密切掌握学生意识形态情况，根据反馈及时调整教学目的和教学内容，实现高等院校意识形态教育与人才培养的无缝对接。

**4. 实施走出去战略提供平台保障**

要借鉴国外的先进经验，加强研究如何完善大学生意识形态安全教育的保障体系，如何加强大学生意识形态的培育工作，结合新时期的特殊要求和未来发展趋势，要探索高等院校意识形态安全教育的完整体系，要引导大学生走出校门、走出国门拓展眼界，增强意识形态安全的抵抗力。

**5. 营造良好氛围优化环境保障**

弘扬社会主义核心价值观，让劳模精神、劳动精神、工匠精神成为时代的主旋律。要切实保证大学生发展通道畅通，让全社会都感受到用知识、用能力服务社会的荣光，进而引导社会认知、社会行为、社会风气，改变"学而优则仕"的传统思想，培育尊重劳动、尊崇技术的文化土壤。总之，当"服务社会"成为每个大学生的自觉追求，当家长对孩子说"工作就是服务社会的手段"感到自然而然时，我们实现社会主义现代化强国的目标就有了坚实的根基和有力的支撑！

# 第七章
# 转型重点：服务新型城镇化与乡村振兴

美国经济学家、哥伦比亚教授斯蒂格利茨曾经预言：21世纪将有两件影响深刻的大事，一是美国高科技的发展，二是中国的城镇化。在经济新常态下，中国的新型城镇化不断发展，城镇化的人才需求为中国职业教育带来了新的挑战与机遇。新型城镇化催生新型工业化和信息化发展，促进社会生产力加速发展、科学技术不断进步、产业结构加速升级、人口结构不断调整、生活方式快速转变，对劳动力的素质和技术要求不断提高。作为服务社会的高等院校教育，在新型城镇化进程中要充分发挥其服务功能，为新型城镇化建设贡献力量。

国外高等教育在服务城镇化建设中为我们做出了很好的榜样。比如，德国"双元制"和"校企深度合作"的高等职业教育，满足了以中高端制造业为主的德国产业结构的需求，为德国城市化建设提供了大量的实用人才，提升了德国制造业水平和质量；瑞典的"职业教育与普通教育的等值体系"，推进瑞典整个国家的职业教育发展，创造"瑞典制造"的神话；美国的赠地学院（早期农业职业技术教育）对城市发展起了十分重要的作用[1]、社区学院为美国城市化发展培养高素质专业技术人才。

国内的学者认为高等院校教育在新型城镇化建设中的担当十

---

[1] 布尔斯廷. 美国人：民主历程 [M]. 北京：生活·读书·新知三联出版社，1993.

分重要,比如,高等职业教育提供经济发展和城镇化进程中所需要的各种高技术专业人才、复合型专业技术实用型人才[1];职业教育促进农村剩余劳动力转移,对中国城镇化进程起推动与稳定作用,中国职业教育探索出了一条与城镇化建设的良性互动之路[2];高等职业教育在城镇化建设中要结合产业发展优化专业设置、文明文化教育与职业技能培训并重,推动职业教育改革[3];高等职业教育服务地方经济的基本途径是坚持两个区域面向(城镇和农村)、实现两项基本功能(服务与引领),基本措施是加强宏观调控、加强院校建设、强化理论研究[4]。

2014年3月,中共中央和国务院出台《国家新型城镇化规划(2014—2020年)》,紧接着湖南出台了《湖南省推进新型城镇化实施纲要(2014—2020年)》。新型城镇化要求以城乡发展一体化为方向,以改革创新为动力,充分发挥市场主体作用和更好地发挥政府作用;坚持集约、智能、绿色、低碳发展,走以人为本、四化同步、优化布局、生态文明、文化传承的新型城镇化道路。高等院校是培养新型城镇化应用型高技能人才的摇篮,为新型城镇化建设提供智力支持、动力支持、人才支持。

## 一、服务新型城镇化是转型发展的重点目标

新型城镇化是当前我国社会发展的重要推动力,也是中国现代化发展的重要抓手,高等院校服务国家新型城镇化建设的人才培养,是其转型发展的必然要求和重要目标。

---

[1] 刘标胜,戈雪梅.高等职业教育在推进城镇化建设进程中的战略作用研究[J].中国职业技术教育,2012(6):34-39.

[2] 杜睿云,段伟宇.论职业教育与中国城镇化建设的互动关系[J].经济论坛,2010(1):21-24.

[3] 董蕾.基于新型城镇化视角的高等职业教育改革探析[J].长沙大学学报,2014(1):142-144.

[4] 谢勇旗,李名梁.高等职业教育服务地方经济的途径及措施[J].职业技术教育,2011(4):40-44.

## （一）新型城镇化建设对高等院校人才的需求——以湖南为例

笔者通过对长株潭城市群的工业园、县市区及小城镇的问卷调查和访谈，采集了相关数据，经分析得到了有关湖南新型城镇化建设对湖南高等院校人才的需求状况。

**1. 高等院校毕业生成为城镇企业新员工比例最高的群体**

高等院校毕业生在新员工中占比情况如表7-1所示，选A的只有18%，选B的有23%，选C的有49%，选D的有10%。可见高等院校生在新员工中占了半壁江山。

表7-1 高等院校毕业生在新员工中占比情况

| A：10%以下 | B：10%~30% | C：31%~50% | D：51%~70% | E：不清楚 |
| --- | --- | --- | --- | --- |
| 18% | 23% | 49% | 10% | 0 |

**2. 城镇第二、第三产业对高等院校毕业生需求旺盛**

对新员工的职业技能需求情况（表7-2）统计表明，对生产和运输设备操作人员的需求最大，表明中国城镇化进程中制造业处于发展势头非常好的时期，这也符合工业化推动城镇化的发展规律。其次是对商业和服务业人员的需求。这符合城镇化促使产业结构调整，促进第二、第三产业加速发展的特点。

表7-2 对新员工的职业技能需求情况　　　　单位：%

| A：生产和运输设备操作人员（铁路桥隧工、铸造工、维修电工等） | B：农林牧渔水利业生产人员（动物检疫检验员、沼气生产工、农业技术员等） | C：商业和服务业人员（营业员、推销员、面点师、养老护理员、厨师等） | D：办事人员和有关人员（秘书、公关员、计算机操作员、制图员、话务员等） |
| --- | --- | --- | --- |
| 36 | 15 | 27 | 22 |

## 3. 高等院校毕业生适应企业提高技术水平、改善人才结构的需求

企业对高等院校毕业生的期望还是挺高的,招聘高等院校毕业生的主要原因首先是提高企业技术水平,其次是改善人才结构,具体如表7-3所示。这说明企业对高等院校教育寄予厚望,希望高等院校教育能够培养符合企业提升技能的人才。

表7-3 招聘高等院校毕业生的主要原因　　单位:%

| A:提高企业技术水平,提高产品质量及企业生产能力 | B:改善人才结构,提高经营水平 | C:研发新产品 | D:其他 |
| --- | --- | --- | --- |
| 35 | 31 | 20 | 14 |

## 4. 用人单位对高等院校毕业生的个人素养、专业技能、动手能力同等重视

招聘高等院校毕业生时,企业对个人素养、专业技能、动手能力的重视程度几乎没有差异,具体如表7-4所示,也就是说个人素养、专业技能、动手能力都是高等院校毕业生进入企业的必备条件。

表7-4 招聘时,企业最重视高等院校毕业生的哪些能力

单位:%

| A:个人素养 | B:专业技能 | C:动手能力 | D:工作经验 |
| --- | --- | --- | --- |
| 26 | 27 | 25 | 22 |

## 5. 用人单位认为高等院校毕业生的自身能力影响其职业发展

企业认为影响高等院校毕业生发挥才能的主要原因在于其自身能力,人际关系也很重要,但几乎不受背景因素影响,具体如表7-5所示。

表7-5 影响高等院校毕业生发挥才能的主要原因　　单位:%

| A:自身能力 | B:人际关系 | C:机遇 | D:背景 |
| --- | --- | --- | --- |
| 63 | 21 | 14 | 2 |

### 6. 城镇化建设对高等院校专业设置提出更高要求

企业查看高等院校毕业生个人简历时，最重视的是所学专业、学生的自我评价，其次是毕业学校，对政治面貌、外语水平要求不高，具体如表7-6所示。

表7-6　企业查看高等院校毕业生简历时，最重视的方面

单位:%

| A：毕业学校 | B：所学专业 | C：学生的自我评价 | D：政治面貌 | E：外语水平 |
|---|---|---|---|---|
| 20 | 35 | 31 | 10 | 4 |

### 7. 新型城镇化对高等院校学生素质提出新的要求

当问到"新聘高等院校学生，最欠缺的是什么（只选一个答案）"时，选择职业技能、社会经验、吃苦耐劳的精神、正确的思想这几个选项的人数几乎相当，具体如表7-7所示。可见，新聘高等院校学生，在职业技能、社会经验、吃苦耐劳的精神、正确的思想等方面都相对欠缺。

表7-7　新聘高等院校学生，最欠缺的方面　　单位:%

| A：职业技能 | B：社会经验 | C：吃苦耐劳的精神 | D：正确的思想 |
|---|---|---|---|
| 26 | 24 | 25 | 25 |

### 8. 高等院校在企业设立实训基地适应大多数企业的需求

高等院校在企业设立实训基地，只要安排得当，多数企业都能够接受，具体如表7-8所示。这表明职业教育在经历20多年的发展后，企业越来越感受到职业教育的重要性、职业教育与企业的相互依存性。

表7-8　企业能否接受高等院校设立实训基地　单位:%

| A：愿意接受 | B：只要安排得当，愿意接受 | C：看具体情况 | D：影响生产，不太愿意接受 |
|---|---|---|---|
| 29 | 40 | 16 | 15 |

## (二)高等院校教育服务新型城镇化建设存在的问题

笔者选取湖南综合类、工科类、农林类的样本高等院校15所进行问卷调查和访谈,从高等院校专业设置、大学生技能、企业对高等院校教育和大学生的评价等方面对湖南高等院校教育服务新型城镇化建设情况进行分析。

**1. 地市高等院校和高职院校学生就业领域以私企为主**

地市高等院校和高职院校学生就业领域主要是在私企,具体如表7-9所示,这与城镇化建设中政府积极领导和鼓励非公有制经济发展、高等院校学生的学历层次与区位发展有关系。

表7-9 地市高等院校和高职院校学生就业领域 单位:%

| A:政府机关 | B:文教医卫 | C:私企 | D:国企 | E:自主创业 | F:其他 |
|---|---|---|---|---|---|
| 1.5 | 8 | 64 | 6 | 2 | 18.5 |

**2. 用人单位对高等院校学生上岗的忧虑**

企业对高等院校学生上岗的忧虑不止一个,具体如表7-10所示,在动手能力、跳槽问题、工资要求、职业素养方面都有忧虑。这对高等院校教育培养全面发展的素能型人才是一个严峻的挑战。

表7-10 企业对高等院校学生上岗的忧虑 单位:%

| A:实际动手能力不强,难以胜任相应工作 | B:跳槽问题严重 | C:工资要求太高 | D:职业素养不够 |
|---|---|---|---|
| 30 | 29 | 20 | 21 |

**3. 初入职的高等院校学生的职业技术与企业的需求适应度有待提高**

初入职的高等院校学生的职业技术与企业的需求完全适应的只有20%,不适应的有42%,具体如表7-11所示。高等院校教育专业对接产业需要高度落实才行。

表 7-11　初入职高等院校学生的职业技术与企业的需求适应度

单位:%

| A:完全适应 | B:基本适应 | C:不适应 |
|---|---|---|
| 20 | 38 | 42 |

### 4. 高等院校学生适应企业要求需要的时间较长

高等院校学生进入企业,三个月的时间能适应企业要求的只占20%,大部分学生需要半年到一年的时间适应企业要求,具体如表7-12所示。这说明高等院校的校内实训与实际企业生产还是有差距的,只有校企融合发展,学生才能对接职业人。

表 7-12　高等院校学生适应企业要求所需时间　单位:%

| A:三个月 | B:半年 | C:一年 | D:一年后 |
|---|---|---|---|
| 20 | 32 | 35 | 13 |

### 5. 高等院校学生的素质不能完全适应企业的要求

高等院校学生初进企业的素质表现虽然整体上过得去,但还有令人不满意的地方,具体如表7-13所示,专业素质表现差的占1%,思想素质和人文素质还有待加强。这给高等院校教育敲响了警钟,在这个多元思想冲突的新时代,高等院校学生的思想道德素质、职业素质急需加强,学生看的东西很多,可是人文素质不一定高,在教育中需要扭转学生看东西杂、乱的状况,引导学生多看具备正能量的作品,以此提升学生的人文素养。

表 7-13　高等院校学生初进企业的素质表现　单位:%

| 项目＼表现 | 很强 | 强 | 较强 | 一般 | 差 |
|---|---|---|---|---|---|
| 专业素质 | 8 | 27 | 35 | 29 | 1 |
| 思想素质 | 9 | 28 | 34 | 26 | 3 |
| 人文素质 | 7 | 26 | 32 | 31 | 4 |

### 6. 高等院校课程设置难以适应城镇化的需求

企业认为高等院校课程设置还有待调整，具体如表 7-14 所示，企业认为合理的课程设置只占 7%、基本合理占 24%、有一定差距占 35%、存在较大差距占 34%。课程设置需要适应企业的生产技能需要和发展需要，因此校企协商和对接非常重要。

表 7-14　企业认为高等院校课程设置是否合理　单位:%

| A：适应社会需要，合理 | B：基本合理 | C：有一定差距 | D：存在较大差距 |
| --- | --- | --- | --- |
| 7 | 24 | 35 | 34 |

### 7. 高等院校专业教学难以适应现代技术下的知识更新

企业认为高等院校的专业教学需加强的方面主要是职业技能和知识更新，但对实践环节和基础理论的要求也同样重视，具体如表 7-15 所示。现代企业对学生的要求已经从数量要求转向质量要求，这要求职业教育走内涵发展、提升质量之路。

表 7-15　企业认为高等院校的专业教学需加强的方面

单位:%

| A：基础理论 | B：职业技能 | C：实践环节 | D：知识更新 |
| --- | --- | --- | --- |
| 16 | 35 | 18 | 31 |

### 8. 高等院校学生适应新型城镇化的整体能力还需进一步提高

企业对就业一年后的高等院校学生的整体评价，如表 7-16 所示。从总体上看，学生基本能够适应企业的需求。学生在企业得到了锻炼、慢慢适应了企业对职业人的要求，身心、技能、交往等方面都有良好发展，但不容忽视的是，还是存在各种问题，尤其是学生的创新能力不足。

表 7-16　企业对就业一年后的高等院校学生的整体评价

单位:%

| 评价内容 | 非常满意 | 满意 | 基本满意 | 不满意 |
|---|---|---|---|---|
| 思想品质 | 5 | 41 | 52 | 2 |
| 身体素质 | 6 | 45 | 48 | 1 |
| 专业知识与技能水平 | 9 | 52 | 38 | 1 |
| 实践能力 | 10 | 53 | 36 | 1 |
| 交往能力 | 8 | 70 | 21 | 1 |
| 组织管理能力 | 7 | 48 | 44 | 1 |
| 心理承受和调节能力 | 6 | 43 | 50 | 1 |
| 自我学习能力 | 4 | 32 | 61 | 3 |
| 写作能力 | 5 | 35 | 58 | 2 |
| 创新能力 | 4 | 31 | 50 | 15 |
| 团队意识 | 7 | 46 | 43 | 4 |
| 敬业精神与工作态度 | 6 | 39 | 52 | 3 |
| 对企业的感情 | 7 | 40 | 51 | 2 |

### (三) 高等教育服务新型城镇化建设的对策探讨

探索高等教育对接新型城镇化建设的对策，推动高等教育创新发展，为我国新型城镇化建设培养主力军和生力军。

**1. 根据新型城镇化建设的需要，调整高等教育的专业布局**

新型城镇化过程随着经济结构、产业结构的相应调整，会出现新兴专业需求上升、老牌专业需求减弱、个别专业接近淘汰等现象。比如，铁路、公路的拓展，信息、网络入村入户，对建筑、规划、工程、计算机、通信的需求会加大。低端制造业会逐步减弱。以湖南为例，高等院校教育以服务区域经济发展为主要目标，根据"以长沙、株洲、湘潭'两型社会'试验区建设为契机，长沙要依托航空港和全国高铁枢纽中心，大力发展高端服务业；株洲要加快工业转型升级，综合利用动力产业集聚优势，全力打造中国动力谷和新型工业城市；湘潭要依托国家级高新技术开发区、经济技术开发区和综合保税区，打造开放型产业集群，加快城市建设，提升城市品位"的布局要求，先对长株潭城市群新型城镇化建设的岗位需求做市场调查，了解第一产业、第二产业、第三产业的人才需求，再对长株潭高等院校进行整合，根据长株潭产业发展需要，调整长株潭高等院校的专业布局。政府规划部门、教育管理部门、高等院校必须协调一致，共同推动长株潭高等院校专业设置对接长株潭新型城镇化产业发展。根据"岳阳要建设水、铁、公、空联运综合枢纽和中部地区重要的物流基地，常德要打造洞庭湖生态经济区对接长江经济带，益阳要加快桃花江核电站建设打造重要的能源基地"的要求，岳阳、常德、益阳的地市高等院校（其他地市也一样）必须立足区域经济发展特点，其专业设置要主动对接新型城镇化的产业结构要求。乡镇在新型城镇化过程中，面临人力资源产业转移、农业产业化规模化、工业现代化（中小企业增加）等问题，高等院校教育应承担培训劳动技能人才，提供现代农业的技术管理人才、中小企业的技术人才、营销人才、管理人才的责任，各区域的高等院校应准确把握经济发展趋势、特点，课程设置应及时对接乡镇新型城镇化需求。

**2. 根据用人单位要求准确定位人才培养目标**

高等院校扩招推动了高等院校教育快速发展，以湖南为例，2014年湖南高职（专科）院校73所，高职（专科）院校共招生17.33万人。但高等院校教育所培养出来的人才并不符合企业需要的高技能、高素质的标准。从调研中可以看出，企业对人才有个人素养、专业技能、动手能力、发展能力、处理问题的能力等多方面的要求，企业对高等院校培养出的学生还有许多不满意的地方。高职院校的培养目标是高端技能型人才，这里"高端"指的不仅是不同于传统产业工人的技术，而且是经历高等教育之后的文化积淀、品质锻造、素养提升、人格磨砺、做事规范。

著名教育家陶行知先生说过：千教万教教人求真，千学万学学做真人。这才是教育的本质。职业教育在人才培养上追求短平快，有浮躁趋势，学生相当于流水线上的产品，一拨一拨产出，硬件设施好点的高职院校就相当于价格贵点的流水线，但在整体上是完成课程—完成实训—顶岗实训—毕业。知识—实践—能力，落实到"真"的并不多。教育的终极目标是实现人的发展，人的发展不仅是智力和体力的良性发展，还有才能、志趣、品德等多方面的良性发展。

高等院校教育的人才培养目标，应该定位于服务区域经济发展的高技能、身心全面发展的高素质、爱岗敬业的高品质。

**3. 根据学生身心发展规律创新高等院校人才培养模式**

中国的高职教育在学习了德国"双元制"、美国和加拿大 CBE（Competency Based Education）、英国和澳大利亚 CBET（Competency Based Education and Training）等人才培养模式上，逐步形成工学结合、校企合作、产学研结合、弹性学制、模块教学、前校后厂、定向培养、订单培养等中国式的高等院校教育人才培养模式。但将关键落到实处，贯彻实施好"工学结合、校企合作、产学研结合、前校后厂"等不是一件容易的事情。相关调研也显示，有的企业并不支持校企合作，有的企业不太愿意接受订单培养，学校把企业搬到教学现场也并非易事。所以，人才培养模式不在于我们缺乏思路，而在于缺乏政策支持和具体措施。

高等教育的人才培养需要对接企业，这就意味着学校、企业、政府、社会需要共同为这一目标努力。"大力支持高等学校、各类职业院校、培训机构、行业企业积极开展职业教育和技能培训，大力推进职业技能实训基地建设，着力促进产教融合、企教融合，整合各类职业教育资源，建设发展若干职业教育集团。"这是推进城镇化建设的基本纲要，应该细化具体措施，明确规定政府、企业、社会应如何促进高等院校教育为新型城镇化建设服务。学校对工学结合、校企合作不能停留在表面，企业对校企合作不能担心被拖累。

## 二、服务乡村振兴拓展高等院校转型发展新空间

乡村振兴是当前和今后我国社会经济建设的重点,十九大以来,乡村振兴成为党和国家领导人关注的主要问题。随着乡村振兴的推进,农村将越来越成为各行各业前景广阔、市场巨大的发展领地,高等院校也不例外。面对高等院校在持续扩招中招生难度大、就业压力大的实际状况,高等院校向新农村拓展生存和发展空间有着巨大的现实意义和长远意义。2017年《中共中央国务院关于深入推进农业供给侧结构性改革 加快培育农业农村发展新动能的若干意见》指出:"今后高等学校、职业院校要开设乡村规划建设、乡村住宅设计等相关专业和课程,要培养一批专业人才,扶持一批乡村工匠。"紧接着,《中国传统工艺振兴计划》(国办发〔2017〕25号)指出:"支持具备条件的职业院校加强传统工艺专业建设,培养具有较好文化艺术素质的技术技能人才。支持有条件的学校帮助传统工艺传承人提升学历水平。"至此,国家连续两个文件明确了高职院校培养乡村工匠的要求,这说明时代呼唤乡村工匠,培育乡村工匠也成为高等院校教育改革和发展的良好契机。

### (一)乡村振兴为高职院校的发展提供广阔空间

党的十九大报告明确提出了实施乡村振兴战略,推进城乡融合发展,高等院校教育面向乡村建设,为乡村人才振兴出力,是高等院校转型发展的又一空间。由于城乡二元结构的影响,城市历来有着巨大的吸引力。作为农村人,找工作以跳进"龙门"(城市)为本、读书以跳出"农门"(农村)为荣、嫁人以嫁进"龙门"为耀、谋生以落脚"龙门"为能。于是,乡里的"龙"(读书行的男孩)跃进了龙池、"凤凰"(读书行的女孩或读书一般却长得漂亮的女孩)飞上了高枝、"孔雀"(打工谋生的人)往东南迁徙了,剩下"386199"(妇女、小孩、老人)部队。就

教育状况而言,现在城市人口中拥有的高中生是农村的3.5倍,中专生是农村的16.5倍,大专生是农村的55.5倍,本科生是农村的281.55倍,研究生是农村的323倍。在知识经济已见端倪的21世纪,人的素质与技能成为实现由传统社会向现代社会转变的最根本保证,人的现代化日益成为现代化的核心内容,教育现代化在其中发挥着先导性、全局性、基础性的作用,也发挥着关键的基础设施作用。而社会主义新农村建设过程是一个伴随农村城镇化、农业现代化产业化的过程,在这一过程中,需要大量的学有所长、专业技能过硬、实际操作能力强的人才和新农村的建设者,高等院校具备培养这些人才和建设者的能力。同时,面对城市巨大的就业竞争和压力,新农村的广阔发展空间无疑给高等院校的兴盛带来了福音。

**1. 乡村振兴战略需要大量的人才**

给钱、给物,不如给个好干部。农村需要知识、需要更新发展观念、需要赶上时代的步伐、需要大学生去帮助他们改变落后的面貌。为了科学有序地加快我国新农村建设步伐,农村基层政权需要吸纳大学生这股新鲜血液所带去的生机、活力及希望。年轻的大学生有激情、有力量、有知识,接掌基层政权对于有效管理农村、改变农村面貌能起到积极作用。同时,"农村是个广阔的天地,在那里可以大有作为",毛泽东时代就提过这句响亮的口号。就国家来说,"大学生村干部计划"开辟了高等院校毕业生就业新渠道,为建设社会主义新农村提供了人才保障。大学毕业生需要更多地走向农村,在农村有用武之地,才能可以得到充分发挥,经济收益也不错。

**2. 农村城镇化需要大量建设人才**

从教育经济学的观点看,各国人均 GDP 水平与其教育发展水平呈直接相关的关系。人才是推动城镇化发展的原动力。城镇化的发展是以产业的聚集为依托的,这是推进城镇化过程中必须遵循的根本规律,但产业的聚集和发展又依赖于人特别是人才的积极性与创造性的发挥。因此,这就要求我国在推动城镇化的进程中,必须重视人才的培养和人的积极性与创造性的发挥。在目前农村培养的人才无法满足需求的情况下,首先是引进人才,然后根据需要制订人才培养计划并落实人才培养目标。高等院校每年都可以提供大批人才,还可以持续培养新农村建设所需的人才,在面向新农村的同时也为高等院校学生的就业找到了新的渠道。

### 3. 农业产业化、现代化需要大量建设人才

一般而言,农业产业化的内涵是以市场为导向、以效益为中心、以企业为龙头、以基地为依托,实行区域化布局、专业化生产、企业化管理、社会化服务、产供销贸工农一体化经营的社会化大生产组织形式、经营方式、运行机制和生产方式,是以多元参与主体的共同利益为基础的经济共同体,同时产业化又是与现代化相联系的。在农业产业化和现代化生产中,生产基地建设是大规模、机械化、集约化生产,要求从业人员素质水平高、机械化水平高、经营管理规范化,原先的农民肯定难以适应这种科技形势的要求。这一系列的生产建设需要大量的农业科技人才,高等院校可以把这种形势作为自己的发展机遇。

### 4. 农村剩余劳动力转移和农民需要培训

城镇化建设必定促使部分农村剩余劳动力转移,农村剩余劳动力的培训有其重要的现实意义。江西一项调研结果表明:农村劳动力受教育培训平均提高一年,可增加近190万农村剩余劳动力向高层次产业转移。同时,只有培育新农民,才能建设美丽乡村。没有新农民,就没有美丽乡村,只有培育出一代新农民,才能让农民真正成为发展生产、建设美丽乡村的主体。"十三五"期间,农业科技发展的整体布局是,在全国布局建设一批区域性现代农业产业技术中心,围绕农业供给侧结构性改革、现代农业发展短板和关键共性技术瓶颈,以科技创新为引擎,创新体制机制,集聚资源、产业、金融、人才等要素,开展全产业链、全过程、全要素,以及一二三产业融合发展的创新活动,建立健全适

应产业高效、产品安全、资源节约、环境友好农业发展要求的现代产业与科技一体化创新体系,打造农业转型升级的新动能。这同样带给高等院校巨大的发展空间。

### (二) 高等院校有开拓乡村振兴领域的优越条件

高等院校有固定的教学场地、教学设施和实训基地,拥有一批负责教学、科研和实训的指导教师,培养了大量掌握现代生产技术和应用技术的新型劳动者和建设者。高等院校是高新产业发展的依托。

#### 1. 大学生是新型技术的驾驭者

高等院校人才培养的目标是主动应对新一轮科技革命与产业变革背景下的产业转型升级和新旧动能转换,主动适应以新技术、新产业、新业态和新模式为特征的新经济变化。其专业设置是理论与实践相结合,用理论指导实践,再用实践提升理论。这种特点对适应农村城镇化、农业现代化和产业化建设所需是十分有利的。同时大学生又是新型的,有着专业技术和技能的建设大军,是美丽乡村建设的一支巨大力量。

#### 2. 高等院校是乡村技术革命、技术产品开发的摇篮

高等院校走的是产学研相结合的道路,有专门从事技术开发与运用的科研人员,这些研究人员会与时俱进,针对市场需要进行技术革命,开拓新的技术领域,同时把新技术转化为新产品,把新产品转化为经济效益。高等院校的学生有的来自农村,对农村的生活状况及农村的需求了解最为深刻,他们能够直接参与开拓农村市场的技术产品的开发或间接提供建议。山区曾经用于分散的小面积水稻田作业的打谷机非常原始、笨重,是用人力踩的,农民非常辛苦,要吃力地做机械运动。后来研制出一种1~2匹力的轻型柴油机装到打谷机上,就不再用人力去踩打谷机了,山区农民变得轻松多了。

#### 3. 高等院校是新型农民、社会和企业的培训基地

参与转移的农村剩余劳动力,有必要提升综合素质,让他们

从只靠手提、肩扛挣钱的工人，向建筑、电子、矿产、家政、保安、旅游、机械加工等行业发展，只有这样才能适应城镇发展的需要。只有通过技能与素质的培养，他们才能融入城镇市民群，进而从根本上加快城镇化与现代化进程。与此同时，加快农业结构调整，推进农业产业化，加强对农产品生产、加工、销售各个环节的管理，树立良好的信誉，这一系列工作的要求是老式农民难以胜任的，我们要培养新型农民，有知识、有技能、有素养的新型农民才能成为新农村的建设者。社会和企业需要不断更新专业技术知识和管理知识，高等院校可以整合教学资源担当这一重任，同时也为自己的发展开拓了新的领域。

**（三）高等院校服务乡村振兴战略的思维**

高等院校教育开拓新农村市场，要着力于乡村振兴的实际，突出乡村发展的市场需求，把乡村振兴战略任务的落实和高等院校的发展紧密结合起来，实现双赢。为此，高等院校需从以下几方面着手：

**1. 战略改革思维**

高等院校的专业设置在许多情况下是沿袭原来的体系，或者是看周围的兄弟院校开设了什么专业便马上效仿，这样往往因为缺少调研，使专业设置存在盲目性，难以与市场衔接，难以适应新农村建设的需要。因此，高等院校要正确估计乡村振兴的形势，去实地考察，了解乡村建设的需求走向，这样才能适应乡村建设的需要，调整有关专业的设置，使专业结构设置及培养的人才能够扎扎实实为乡村振兴服务。

**2. 战略发展思维**

高等院校要把自身的发展与乡村振兴紧密结合起来，农村建设需要大量技术人员的参与，同时要不断地进行技术更新，那么，高等院校一方面要努力培养合格的美丽乡村建设者，加强学生的专业技能教育及职业道德教育，同时要不断创新技术和产品，以便能在市场竞争中立于不败之地，在美丽乡村建设中体现自身的价值。

### 3. 战略服务思维

高等院校的职能是集教学、科研、社会服务三位于一体的，因此，高等院校如果要开拓美丽乡村建设的市场，就应该为美丽农村的发展服务、为农民工及农民培训服务、为美丽乡村的企业服务、为美丽乡村的市场需求服务。高等院校应充分利用学校的师资和场地对农民工进行培训，以便农民工能拥有一技之长，加入剩余劳动力转移的行列，从而适应新型产业的要求，而原始的从事农业生产的农民，随着新技术的开发利用和推广普及，同样需要掌握新的农业生产技术和运用技术，因此要为他们的培训服务。为了达到高等院校为美丽乡村企业服务的目的，可以走校企联合之路，以高等院校的技术和人才作为企业发展的驱动力，同时这是一种互利互惠、双赢的举措。

### （四）高等院校服务乡村振兴的战略措施

高等院校为美丽乡村建设服务的关键在于如何具体体现这种服务，有什么具体措施，这种服务要体现在思维、行动等实际运作中。

### 1. 进一步明确办学指导思想，提炼办学模式

习近平总书记在 2013 年提出，中国要强，农业必须强，中国要富，农民必须富，中国要美，农村必须美，建设美丽中国，必须建设好美丽乡村。高等院校发展面向美丽乡村建设，应该明确美丽乡村建设的基本目标，从而找准自己的努力方向，以此明确办学指导思想，在促进美丽乡村建设中起到应有的作用。高等院校应该努力研究促进农村生产发展的技术路线和人才路线，提炼办学模式，在技术开拓和人才培育方面走出自己的特色，真正能够拿出有用的技术和适用的人才，从而获得农村的广阔发展空间，进而为高等院校未来发展寻找新的增长点。

### 2. 以服务为宗旨、以就业为导向，走产学研相结合的路子

树立为乡村振兴服务的理念非常重要，在先前的思维定式里，我们的目光投向城市，关注城市的动态，尤其是在学生的教

育培养方面，一提到去建设美丽乡村，学生的第一反应是不情愿，认为自己去那种没前途的地方便掉了价。其原因有以下几种：一是对国家的发展趋势、目标和前途不明了；二是对农村有一种原始的认知——农村就是比不上城市，以能进城市为荣；三是城乡二元结构使农村的发展现状不如城市。为此，学校应该高瞻远瞩，要有面向美丽乡村服务的理念，同时对学生进行宣传鼓动和教育，面对城市中的就业竞争，去建设美丽乡村不是退缩，而是占领新的发展点。高等院校还应该积极为毕业生拓展就业渠道，以学生的"出口"带动学校的"入口"，提高学校的社会知名度和良好信誉度。如果在美丽乡村的各发展领域取得了好的效果，技术科研都能为生产发展服务，带来了经济效益，说服力就强了，就业问题就解决了，新的生源自然就来了，这样就形成了一种良性循环。

**3. 创立和亮出服务美丽乡村的特色品牌专业**

高等院校的发展必须有自己的特色学科与品牌专业，这样才能保证其对生源的吸引力，在招生和就业中处于有利地位。教育目标指向在不同的历史时期或经济发展阶段是不同的，教育由于与社会经济发展的紧密相关性决定了它必须适时调整和创立自己的品牌。按照市场需求培养德智体美劳全面发展、职业能力突出、发展潜力大、创新能力强、综合素质高的高级应用型技术人才。毕业生只有实践动手能力和直接上岗能力强，才能受用人单位青睐，从而提高就业率。高等院校必须充分发挥人才、技术集聚优势，以自己的品牌为说服力。

**4. 配合政府部门对美丽乡村建设人才培养的重要性进行宣传**

高等院校要寻求广播、电视、报纸、杂志、网络等新闻媒体的支持，大力宣传加强人才培养的重要意义、政策措施，大力宣传高技能人才在经济社会发展中的重要作用和突出贡献，强调高技能人才是我国人才队伍的重要组成部分，宣传每个技能劳动者都是社会主义建设的组成力量，宣传美丽乡村建设对人才的渴求，宣传美丽乡村建设的广阔发展前景，宣传美丽乡村的就业优势。要充分肯定和鼓励大学生的创造性劳动，大力弘扬大学生的进取精神和务实作风，让大学生凭知识技能发现自己的人生价值、感觉自己的前途光明，从而不断提升自己的专业水平，更好地为美丽乡村建设服务。

### 三、培养乡村工匠：高等院校转型发展的新任务

工匠是根植于中华民族历史长河中的重要群体，一定历史时期的工匠水平折射出一个时代的工农业发达程度和文明程度。中国古代工匠留下了宝贵的物质和精神财富，工匠史上也留下了大师级工匠鲁班、世界级造纸工艺发明工匠蔡伦、开创中国近代刺绣史新风的沈寿等大工匠。随着经济社会的发展，工匠阶层不断分化。在城市，工匠大多发展成为各类工程师和专业技术人员，在农村变成乡村工匠，并且随着现代技术走进农村，乡村工匠不断退化，许多类型的工匠逐渐消失。在当前农业供给侧结构性改革的过程中，乡村发展的品牌和品质显得十分重要，具有技艺的乡村工匠成为农业农村转型发展的重要力量。

马丁·路德认为，一个磨眼镜片的工人的"天职"就是将每个眼镜片磨到完美，如此才能取悦上帝，并在枯燥的重复性劳作中，获得心灵的平静，也享受"斯宾诺莎式"的幸福。德国哲学家马克斯·韦伯指出：新教伦理的"天职"观念是德国工匠精神的发源，在资本主义的发展进程中，进一步演变为职业伦理。美国卡门认为，工匠的本质是收集改装可以利用的技术来解决问题从而创造财富。美国亚力克·福奇认为，倾心于技术提升和创造发明的"工匠精神"，是世界上每个国家永葆青春和活力的源泉。

在我国，《辞海》里"工"即"手艺工人"；"匠"起初专指"木工"。《说文解字·匚部》说："匠，木工也。从匚，从斤。斤，所以作器也。"工匠是我国古代人民的重要群体，《管子·小匡》中说："士农工商四民者，国之石（柱石）民也。"其中

"工"就是我们今天称为"工匠"的人。《考工记·总序》中说："国有六职,百工与居一焉。"百工是进行冶炼、修建、造船、设计等的技术人员,也即工匠。学者余同元(2005年)认为,工匠是指具有专业技艺特长的手工业劳动者。[1] 蔡成(2007年)对生活类工匠的历史变迁和当今生存状况进行了研究,探讨了他们生存的处境及原因。朱丹(2009年)认为,我国乡村工匠可以分为三大类,即民间艺人、工艺类匠人和生产生活物品和用品的生活类手艺人。[2] 郑美珍(2014年)认为:我国古代技术创新的主体是工匠,在家庭手工业作坊、私营手工业作坊、手工工场中,工匠起着核心作用。[3] 王力(2015年)认为,工匠对所做的事情和生产的产品精雕细琢、精益求精、追求完美和极致就是工匠精神。韩英丽等(2016年)认为,高等院校应用型人才培养中要用宣传教育引领工匠精神价值观的形成、课程体系要辅助工匠精神落地、创新创业教育要诠释工匠精神精髓;叶桉等(2015年)认为,要将红色文化有机融入职业院校德育和素质教育工作中,为培育具有当代工匠精神的"大国工匠"寻找新的途径;孔宝根(2016年)认为,高等院校培养工匠精神的实践途径有:认识工匠大师的作用、传输完整的产业链知识、邀请民间能工巧匠培育高等院校学生。

在2017年中央一号文件发布前,我国关于工匠的研究并没有区分城市工匠和乡村工匠,我国的乡村工匠其实是不从事农业劳动的手工劳动者,是乡村的工艺人。自2017年中央一号文件发布后,乡村工匠得到了许多学者的关注。郑风田(2017年)认为,我国的农业供给侧结构性改革人兴事兴,在打造农业发展新

---

[1] 余同元. 传统工匠及其现代转型界说 [J]. 史林, 2005 (4): 57-66.
[2] 朱丹. 乡村传统手艺人的生存博弈:以浙江台州 S 村为个案 [D]. 武汉:华中科技大学, 2009.
[3] 郑美珍. 工匠是我国古代技术创新的核心主体简论 [J]. 南通纺织职业技术学院学报(综合版), 2014 (12): 28-31.

业态过程中，要重点打造和培养一大批新型人才，培养和扶持一批乡村工匠。唐人健（2017年）在解读中央一号文件时指出，目前乡村规划、乡村建筑的问题在于很多是用城市的理念去做农村的设计，这在一定程度上就出现了结合不好的问题。所以2017年一号文件特别关注这一问题，提出今后高等院校要开设乡村规划建设、乡村住宅设计等相关专业和课程，要培养一批专业人才，扶持一批乡村工匠。总体来说，有关乡村工匠的研究并不多，但在各地的美丽乡村建设中，许多地方都提出了培养乡村工匠的目标。但是，高等院校如何培养乡村工匠，如何才能培养一大批适应我国美丽乡村建设的专业人才，实现乡村崛起的新战略，如何从高等院校教育的角度探讨乡村工匠的问题，以期促进高等院校教育的转型发展，还有待进一步研究和探讨。

### （一）高等院校培育乡村工匠的战略意义

近代以来，我国工匠发展产生了分化，主要分成为两种：一种是传统的手艺人，主要分布在乡村，有艺术类（如民间杂耍艺人）和手工活类（如竹篾匠、泥瓦匠、木匠、织锦匠、打铁匠、手工裁缝）等，就是我们普遍称为"乡村工匠"的人；另一种是现代工程师、科技专家和现代技术工人，这些人适应了城镇化或城市社会的要求，如电工、焊工、钳工、汽修工，甚至行业大师都称为工匠，如《大国工匠》中的消化内镜微创切除术专家周平红、隧道爆破高级技师彭祥华、中车集团铸造大师毛正石等。在新时期，我国乡村工匠绝不是过去的乡村传统艺人，应该是乡村具有技术和艺术能力的新型"工程师"，即使是木匠、泥瓦匠，也是可以使用和操作现代机械的木匠和泥瓦匠。因此，现代乡村工匠必须具有综合能力和乡村创新能力，这些难以凭借乡村传统的"传帮带"简单培育出来，而是需要现代高职院校进行系统培训。培育乡村工匠，对于高等院校来说，既是一种挑战又是一次战略转型，在高等教育史上具有重大的战略意义。

### 1. 促进高等教育转型升级

我国高等教育蓬勃发展，取得了令人瞩目的成就，为我国培养了大量的社会主义建设者。但是,在当前竞争激烈的就业形势下高等院校学生就业压力也越来越大,尽管很多高等院校官方公布的就业形势一片大好,就业率有高达99%的,甚至100%的。但实际情况是一些学校为了提高招生的声誉而夸大了数据。其实在当前流动就业的情况下,即使与用人单位签订了真实的就业合同,也并不是稳定的就业合同,有的可能试用期一过就被解聘或辞职了。因此,高等院校应该有清醒的认识:高等教育必须进行供给侧结构性改革,加大专业调整力度,适应就业市场的需求,高等院校发展要完成从当前的毕业生供给导向向就业市场的需求导向的重大转型。培养乡村建设急需的工匠型人才,从专门培养国家科研人才和技术人才向同时培养乡村工匠人才发展,是高等院校适应国家供给侧结构性改革需要,拓展高等院校生存空间的战略举措。当前,我国农村供给侧结构性改革中,人兴事兴,农村的变革需要大批工匠型"新农人",需要以"工匠精神"激活农村发展新动能。高等院校要加大专业调整力度,结合农村各类技能型人才的需求,积极为农村培养一批高素质的工匠型人才,提高自身人才供给与需求对接的精准性。

**2. 强化高等教育的责任担当**

2017年一号文件的主线是农业供给侧结构性改革,核心目标是解决优质农产品供给问题,发展农业新业态。[1] 高等院校教育肩负教学、科研、服务社会的任务和职责,在当前教育为社会服务的要求下,培养适应农村发展的乡村工匠是其使命和担当。高等教育是一种国家公共资源,必须有社会担当。我国高等教育一直承担着培养社会主义建设人才的责任,为我国新型工业化和新型城镇化培养了大量的技术人才和科研人才。但是,很多人对我国高等教育的理解是,能培养学生适应大城市的发展,农村孩子接受高等教育就能跳出农村到城市就业。随着当代大量农村青

---

[1] 郑风田. 乡村工匠式人才:破解农业改革难题的关键 [N]. 中国青年报, 2017-02-13 (2).

年通过高等教育走出农村进入城市，农村的年轻劳动力更加紧缺。当前，在美丽乡村建设中，乡村有原生态的绿水青山、有一方水土一方人的乡土文化及民俗民情和土特产，这些资源具有广阔的发展前景。如何对这些资源进行有效开发和应用，让乡村成为休闲旅游胜地、让健康的农产品成为乡村品牌、让农业成为令人向往的产业，乡村社会需要高等院校培育一批有专业特长、能对接产业发展的工匠型人才。我国高等院校作为专门的技能型人才培养主体，在资源、经验和师资等诸多方面都有优势，必须义不容辞地担当责任，加快专业转型，顺应乡村变革的需要，积极为乡村培养工匠型人才，为我国农业农村发展担当时代重任。

**3. 拓展高等院校发展空间的战略选择**

将设计、规划、决策转化为现实产品等物质形态，需要人才推进和实施。长期以来，我国高等院校发展定位的技术领域、行业技能很少有针对乡村发展的，对乡村人才培养的关注并不多，即使农业院校也大多合并改名为热门院校名称，甚至专业设置上已经基本脱离了农林，人为缩小了自己的发展空间。然而，随着农业现代化的推进，传统农业生产方式转变为现代农业生产方式，新的农业发展模式对农村人才的需求发生了根本性变化，在农业产业化经营、规模化发展、科技化管理、粮食生产、果蔬种植、特色农副产品开发、农产品附加值提升，供给状况由低端向高端、从无效向有效转化，生态环境从恶性向良性转变的过程中，大量的各类工匠型人才需求快速增长，农村即将成为就业的新领域，农村工匠型人才也将成为农村社会的抢手人才。因此，有条件的高等院校要抓住这一机遇，充分发挥教育的优势，利用现有的闲置资源或富余资源，结合自身特色开设乡村工匠专业，拓宽发展空间，提高办学效益。

**4. 创新高等教育模式的战略举措**

经过几十年的发展，我国高等教育已经形成了较为固定的办学模式。进入 21 世纪以来，教育部进一步明确了办学指导思想，提出面向市场、面向社会办学，实行校企结合、供需结合、临岗结合的办学模式，优化学校布局。乡村工匠作为乡村具有实用技术和工艺才能的人，是随着时代的变迁而变化的一个群体。这个群体的历史传承是手把手的传承，甚至大多是子承父业。但是，随着我国新式职业学堂和留学教育的发展，我国传统工匠的生成方式出现了根本性变化，部分传统工匠完成了向工程师、科技专家和现代技术工人的转化。随着经济发展的转型升级，乡村工匠的需求呼唤回归高等院校教育的本真。因此，高等院校要抓住这一历史机遇，加快调整学校目标定位，不断创新教学模式，加快适应农村新型职业发展的需求，在办学形式上更加灵活多样。通过进行校村合作办学、农学结合、订单式培养、提前自主招生、顶岗实习等一系列模式创新，积累丰富的职业教育经验，以乡村工匠教育为突破口创新我国高等教育的办学模式。

### （二）高等院校培养乡村工匠路径选择

高等院校作为培养高技能人才的地方，培养乡村工匠是一种全新的探索，尽管高等院校的资源、师资、教学模式有天然的优势，但是真正培养出适应乡村需求的工匠，还需要不断探索可行的路径。

**1. 以校村合作创新乡村工匠的培养方式**

现代乡村工匠不但应符合传统乡村工匠的要求，而且更应具有现代技术特色。乡村产品具有地域性，其要求是细分的，特别是乡村的工艺品，不同的地域具有不同的文化特征，因此，培养乡村工匠需要在进行通识教育的同时，结合地域文化开展特色教育，因而高等院校必须与村镇联合办学，做到定点定向培养乡村工匠。要密切结合村镇产业特点和职业需求，设定课程和实训环节，创新人才培养方式，有的可以采取半工半读的方式，有的可以在高等院校学习文化和理论课程，在村镇学习技术等，总之，办学方式要灵活实用，学生毕业后要适应定点村镇的需求。当然，对于有些具有广泛市场的工匠，可以大规模培训教学，对于具有历史文化传承但需求不多的乡村工匠，高等院校的办学模式要进行细分和定点，不能一哄而起，造成人力物力和资源的浪费。抓校村合作，要建立粮食、农产品、园林、农村金融等职教集团，高等院校、农村产业和农村金融，实行资源共享，优势互补；建立"教学工厂"、开辟"农业产业化课堂"，大力实施车间建在学校、课堂设到车间，不断创新校企合作人才培养模式；建立一批紧密型校企合作实训基地，实施"教师下农村，技师进课堂"等举措；建立专业教师工作室、组培室、研发中心，深化校企产学研合作。

**2. 以社区教学创新乡村工匠的教学形式**

高等院校培育乡村工匠要创新教学形式，特别是要拓展社区教学的模式。要充分利用高等院校单独招生的渠道，招收具有乡村工匠潜质和需求的村镇内的学生，同时不要局限于考试分数，要重视操作能力，可以开辟新的招生方式，比如从农民中选拔学生，把有潜力的农民纳为高等院校教育的对象；还可以采取委托培养和定向培养的方式。2017年中央一号文件指出：深入推进现代青年农场主、林场主培养计划和新型农业经营主体带头人轮训计划，探索培育农业职业经理人，培养适应现代农业发展需要的新农民。高等院校可以围绕新型职业农民培育、农民工职业技能提升等，拓展乡村工匠型人才培养的渠道，大胆创新，改变课堂教学的传统模式，把课堂搬到农村田间和社区，甚至搬到农民的家里。学习和借鉴国外对义务教育之后的"社区教育""双元制教育"理念，结合我国乡村工匠的需求进行创新。

**3. 以强化教学内容提升乡村工匠的职业技能**

乡村工匠培育在教学内容上广泛而复杂，如何选择内容需要高等院校加强专业调研，可以培训农房建造基本知识，村庄规划与农房设计，农房建筑材料、构造及避震，建筑施工质量与安全等内容。例如，在培育当前的美丽乡村建设规划师时，不仅要培训乡村规划的知识，还要培训乡村特色文化知识，不能照搬城市规划和别的乡村规划的内容。如在培育乡村电商和管理工匠时，既要加强现代技能的培训，又要结合乡村的特殊要求具有乡土味。高等院校的乡村工匠教育不仅要培养本土中高级农产品营销、农产品加工、农业种植等人才，还要培养地方特色产品的生产、加工、鉴定和销售人才。乡村工匠为壮大地方产业、助推经济转型，注入新的活力。总之，乡村工匠不是要培养讲长篇理论的人才，而是要培养乡村的能工巧匠和实干家，因此，要让学生能够动手，有很强的操作能力。同时，乡村工匠培育的内容还要加强思想道德教育，包括职业道德、遵纪守法、爱国爱乡村等内容。因此，乡村工匠是一个传统技能与现代技术教育相结合的新专业，专业要求高，专业内容错综复杂，相对于逐渐饱和的城镇职业来说，乡村工匠专业是一个具有潜在大市场的专业，值得高等院校高度重视。

### （三）高等院校培养乡村工匠的保障措施

国务院总理李克强在政府工作报告中提出，要鼓励企业培育精益求精的工匠精神，增品种、提品质、创品牌。"现在我们到了这样一个历史发展时期，已经拥有了比较强大的经济基础，我们需要转型升级，需要进行经济结构调整，需要在更高的、新的水平上提倡工匠精神。"但要真正做到这些，并不那么容易。因此，必须采取切实的保障措施。

**1. 加大政策支持**

国家要进一步细化支持高等院校培育乡村工匠的政策，出台鼓励农村年轻农民参与工匠培训的政策，把国家产业发展和乡村工匠培育结合起来，建立学校、社会、企业、社区共同培育乡村工匠的完整体系。在高等院校招生中，鼓励学生按类报名学习，而不是当前的按考试成绩招生。在企业和事业单位的公务员招聘中，要明确一定的工匠型人才指标，防止盲目为学历门槛而牺牲职业能力的招聘事件发生。进一步调整工资绩效待遇，防止按学历制定工资等级的做法。同时，加大乡村工匠学生管理的灵活性,促进乡村工匠的流动就业。此外,要加强乡村工匠的监管,提高乡村工匠在技术项目承包上中标的权重。

**2. 加大资金投入**

通过法律的、行政的手段加大高等教育的乡村工匠人才培育投入力度,建立乡村工匠教育的经费保障体系。一是政府要在经费保障上硬性规定中央财政对乡村工匠培育的投入比例,同时规定各级政府乡村工匠教育的配套投入比例,并要求将其列入年度预算;要规定生均事业经费的比例,以保证高等院校教育事业的正常运转。二是鼓励高等职业教育基金化运作,在成立大教育集团的基础上,设立一些高等职业乡村工匠教育基金,通过基金的筹资运作,扩大高职院校培养乡村工匠的经费来源。三是建立配套的社会、行业、企业投入高等院校的激励政策,这对于一个办大教育的发展中国家尤为重要,国家需要投入的教育方面很多,调动社会对高等院校的投入是对国家公共财政支持的最好补充。四是加强对经费投入落实情况的监督与执法。现在的情况是,国家出台了一系列教育经费投入政策,但实际上并没有落实到位,投入不到位又没有相应的处罚措施,使人们感觉到高等院校教育投入政策是一个有弹性的软政策,因此,通过多种渠道加强对各级政府投入高等院校教育行为和结果的监督也是一个行之有效的办法。

**3. 优化师资队伍**

当前,我国高等教育普遍存在理论教学的力量较强,实践教学的力量较弱,基础性学科力量较强,应用性学科力量较弱的现象。许多年轻教师从学校到学校,没有实践经历,无法从事实践教学。培育乡村工匠要加强对农村的研究和对接,多引进一些有现场实践经验的高学历、高职称的中青年人士加入高等院校的教师队伍中,增强专业实践教学的能力,培养出高质量的社会急需的技能型人才。加强"双师型"教师队伍的建设,建立丰富的专、兼职教师资源库。改革现有的高等院校教师职称评审制度,重构高等教育职称评审条件和标准，对高等教育师资队伍的建设与发展有着极大的必要性和现实意义。积极实施"专业带头人工程""骨干教师工程""双师素质工程""青蓝工程"四大师资队伍建设工程，提升教师教学能力、实践能力、课程设计与开发能力、研发能力和社会服务能力，要求教师上水平、上执业资格、上学历、上职称，下企业、下实训基地。同时，要与农业企业进行合作，引进和外聘一批乡村顶尖工匠和企业家等，作为乡村工匠培育的师资，加大高等院校师资转型升级的力度。

**4. 加强就业指导**

高等院校培育乡村工匠要针对乡村的需求进行，关键是毕业后或培训后能找到工作。因此，要根据乡村的现实要求进行招生、强化对口招生，加强对乡村工匠的宣传，加强与乡村社区和乡村企业各类经营主体沟通，做好乡村工匠的推介工作。同时，完善乡村工匠就业的相关劳动规定，支持乡村工匠发展行业协会的建立，完善乡村工匠的行业标准，给予乡村工匠在职业职称上的上升空间和名誉称号。

# 第八章
## 转型路径：本土开发打造高等院校特色品牌

高等教育发展中的角色定位与办学特色应该有独特的校本特色，可以说，高等院校只有打造本校的办学特色，才能在日趋激烈的竞争中赢得发展机遇，不断拓展自己的发展空间。近年来，湖南高等教育发展取得了辉煌的成就，但是，发展中也出现了一些问题，主要问题就是特色不够，趋同化问题严重。因此，创校本特色，是湖南高等教育拓展生存空间的首要途径。

### 一、创校本特色的必要性

办学趋同应该是高等院校的普遍问题，如果说哪个专业有发展前景，往往会有很多学校扎堆创设这个专业。

#### （一）趋同化：校本特色缺乏

我国高等教育在快速发展的过程中，由于对自身特色的重视不够，品牌战略意识不强，盲目追求规模扩张，进行趋同化竞争，一窝蜂地在热门专业上寻找生存空间，造成高等院校教育的生存空间拥挤，人才培养与人才需求脱节。具体表现在：

**1. 定位偏差，缺乏办学特色**

任何高等院校只有准确定位，找准自己的发展目标和战略重点，才能形成特色和优势，在竞争中立于不败之地。目前，湖南高等教育在定位中有三种偏差值得特别关注。

（1）教育模式定位的偏差。有些高等院校偏重学科型教育，无论在管理还是在教学上，包括使用的教材在内，趋同化严重，甚至认为这有利于学生考研。

（2）目标定位的偏差。过分追求靠竞赛排名拿奖，把教学要求和追求目标偏重于保证少数学生竞赛获奖，并以此作为提升自身竞争力的最佳途径。

（3）人才培养定位的偏差。不少学校没有很好地切合经济建设与社会发展的需要，较多的院校在专业设置上缺乏针对性，盲目跟风。比如许多学校开设汽车制造专业，都是因为看中了汽车的市场需求和市场发展，但是忽视对市场的饱和预测。还有，几年前对会计专业不断扩充，尽管市场需要，但是一窝蜂开设专业又导致过热化，造成需求过剩而使学生就业困难。

**2. 培育乏力，特色实训基地稀少**

高等院校担负着培养社会高技能型人才的任务，根据高等院校这个特点，对仪器设备的更新、生均占有量要求较高，特色的高等教育需要有特色的实训基地支撑。但近年来，随着湖南各高等院校规模的扩张，大部分高等院校原有的办学设备（如校舍、教学设备、图书资料等）已严重不足或呈老化趋势；在实验仪器设备方面，从近五年的统计数据来看，除个别对实验仪器设备本身有特殊要求的院校外，其他高等院校的生均仪器设备一直处于下降的状态。高等院校的特色需要具有特色的实训基地支撑，高水平、有特色的实训基地是高等院校教育办出特色、实现人才培养目标不可或缺的重要条件。目前，湖南高等院校都不同程度地存在实训基地数量不足、设施设备陈旧、技术含量不高、有特色和竞争实力的特色实训基地严重短缺等问题。尽管不少院校已经想方设法改变现状，但由于基础薄弱加之资金不足，改造与提高显得力不从心。这与办出具有特色的、高质量的高等院校教育，培养掌握高新技术的应用型专门人才的要求极不相符。

**3. 师资结构不合理，缺乏校本优势**

目前我国高等院校教育教师队伍结构不合理表现在三方面。一是教师数量不足，师生比拉大，教师教学任务重，无法以更多的精力顾及自身素质的不断提高,在一定程度上严重影响了高等院校办学水平和教学质量的提高;二是基础课、专业课、实践课教师比例不均衡,具体表现为基础课教师较多而专业课、实践课教师配备不足;三是在教师队伍结构中,双师型教师比例偏低,适应学生发展的结构性问题暴露出来,这也是影响教学质量的一个重要原因。

### (二)高等院校教育校本特色发展的瓶颈

高等教育虽然有了突飞猛进的发展,但是,由于缺乏校本特色,再上一个台阶就存在着深刻的问题。制约高等教育发展特色的因素主要有以下几个方面。

#### 1. 认识不到位,校本特色意识模糊

社会和学校自身没有清楚地认识高等教育的特色,只把高等教育作为教育的一个层次,造成了高等教育的校本特色意识不清。人们往往把高等教育视为获得某种身份与地位的手段,把高等教育当成终极教育。在国家政策上,职业教育远未得到应有的关照,于是在实践中高职教育主要被作为缓解普通高中升学压力的得力措施。高等教育的准确办学定位是高等院校教育生存的基础,如果认为只要能够招到学生,有生源和规模就行,在专业上追赶时髦,追求热门专业就可以了,发展会缺乏后劲。

#### 2. 先天条件不足,校本特色基础不厚

地方高等院校缺少对接本地经济发展的先天基础,带有计划经济留下的特点,在校本特色上刚起步。高职院校很多由原来的中等专业学校单独改制或中专学校与专科学校/职工大学合并改制形成,需要重新调整学科体系适应地方经济发展需要。

#### 3. 投入力度不大,培育特色的能力弱

我国高等院校近年来发展迅猛,但经费投入总体规模偏低,加之各种社会资金调动不足,难以满足高等院校规模的扩大和质量的提高。而且,教育经费投入不均衡,有些学校会因为资金缺乏而无法发展特色。

## （三）高等教育走出校本特色困境的对策

发达国家的经验表明，职业教育在促进经济社会发展中发挥着重要的作用，地方高等院校的区域服务能力有独特优势。强化高等教育的特色，实现高等教育跨越式发展，必须有科学的措施做保障。

### 1. 科学定位，特色立校

准确定位是高等院校生存的基础，办出特色是高等院校提高活力与提升竞争力的关键因素。高等职业教育是培养面向生产和服务一线的高级技术及管理的应用型人才，有两个基本的特征：一是姓"高"，即它是一种特殊类型的高等教育，是高等教育的重要组成部分；二是姓"职"，即它是一种职业能力教育，主要强调职业技术的实用性和针对性。因此，要办好高等职业教育，首先要突破传统教育观念的束缚，从普通高等教育的办学模式中解脱出来。只有教育观念转变了，才能在办学中摆脱学科本位理念。其次，高等职业教育必须找准自己的定位区间和发展空间。因而，高等职业院校要立足地方或行业办学。一所高等职业院校在确定自己的定位时，必须充分考虑本校在整个职业教育体系和所在地区教育体系中的位置，找准本校在整个社会经济发展和本地区产业结构中的位置，和当地社会的经济发展紧密结合，准确地找到自己的切入点，从而办出自己学校的特色。同时，在培养目标定位上，既应不同于普通高等教育培养的理论型、设计型人才，也应有别于中等职业教育培养的技术技能型人才。培养适应时代需要的应用型技术人才，是社会经济发展赋予高等教育的根本任务，也是高等教育办学目标的基本定位。一方面各高职高专院校应该大力推进课程体系结构和人才培养模式改革。另一方面，高职高专院校应该仔细分析自己的专业和学科优势，变专业和学科优势为办学优势，坚持"人无我有，人有我优，人优我特"的办学思路，努力办出自己的特色来。

服务地方经济社会是地方高等院校始终应树立的基本办学理

念，办出特色是其最终目标，也是其根本出路。地方院校传媒类专业通过发挥自身人才优势，在推动地方文化的传承与保护、地方产品的营销与策划、地方媒体的革新方面起到重要作用。比如，湖南西部的吉首大学文学与新闻传播学院发挥人才优势积极参与非物质文化遗产的保护研究与实践，参与大湘西非物质文化遗产保护研究、文化旅游发展规划、城市品牌策划、旅游演艺等服务社会项目，由学院教师担当总策划的大型旅游演艺基地"张家界·魅力湘西"获"国家文化产业示范基地"称号，在业界享有盛誉。湖南衡阳师范学院新闻传播学院充分挖掘地方古村古镇资源，为地方文化产业、旅游产业的发展提出宝贵意见，培养应用型人才。

**2. 专业强校，创校本特色品牌**

专业建设是学校与社会、企业联系的纽带，是教学工作的灵魂。高等院校应把专业建设作为创特色、塑品牌的重要切入点和突破口，重点集中投入，下大力气建设，全力打造精品专业。例如，长沙民政职业技术学院根据社会需要，开设老年人服务、现代殡葬服务与管理、戒毒康复等专业，增强了人才培养的适应性，成为职业院校的典范；湖南省铁道职业技术学院的电力牵引与传动控制专业、冶金职业技术学院的冶金机械及控制技术专业、工业职业技术学院的数控加工技术专业都已列为国家高等院校高专精品专业项目，并取得了一定的成果。这些高等院校通过建特色专业、创品牌专业，扩大了学校的对外影响力。

地方高等院校要发挥服务区域经济发展的优势，对接区域产业。湖南文理学院魏饴表示，地方高等院校转型就是要与地方经济社会发展接轨，就是要接地气，湖南文理学院根据湖南省和环洞庭湖区域经济社会发展的实际情况，对现有专业分门别类进行宏观诊断和分析，集中力量办好一批与地方经济结构匹配度高的应用技术型重点学科和特色专业，确定了"四大专业集群"：面向现代农业，服务洞庭湖生态经济区建设；面向现代制造业，服务常德经济技术开发园区产业升级；面向现代文化服务产业，服务地方文化、旅游事业；面向现代教师教育事业，服务基础教育创新发展。[1]

**3. 拓宽投入主体，创新校本特色途径**

实践证明，政府单方投入办高等院校教育是肯定不够的，同时，政府的大包大揽也办不出高等院校的特色。只有多方投入办学，利用多方的资源，根据办学各方对特色人才的需求，引导高等院校特色人才的培养，才能办出特色专业和特色学校。比如，长沙民政职业技术学院的民政特色，就是多方办学途径的创新。

在多方投入办学中，其一，要积极推行校企合作，实施"订单式"教育。通过合作办学可以获得企业资金和资源支持，以弥补国家、高等院校举办高等院校教育在资金和资源方面的不足。同时，学校可以根据企业、社会对人才的需求调整专业设置，为企业培养符合企业特征和个性需求的特色人才，也使学校在人才培养上做到了针对性，既拓展了学生的就业空间，又增加了学校的生存空间和提高了社会声誉。其二，加强与国外的交流，吸引外资合作办学，在合作中增强特色。面对中国加入WTO所带来的冲击，应主动积极地开展职业技术教育的国际交流与合作，吸引外资合作办学。其三，吸引民间投资，吸收和接受各种捐资、赞助等，开展合作办学，在为民间培养特殊人才中打造自己的特色品牌。

**4. 优化师资结构，培育校本特色主导力**

人才培养靠教育，教育的主体是教师。特色高等院校需要特色的师资支撑。高等教育教师队伍应以"双师型"教师为核心。"双师型"教师应具有高尚的职业道德、广博与精深的知识结构、多种技艺和能力，特别是要有特殊的才能和特色技艺。"双师型"教师匮乏是湖南高等院校教育发展面临的瓶颈之一。要转变教师

---

[1] 魏饴. 加快推进地方高校转型发展. [EB/OL]. （2015-05-26）［2019-04-15］http：//bgs. hnedu. gov. cn/c/2015-05-26/746796. shtml.

观念，提高对高等院校教育的认识；要制定政策，鼓励教师获得"双师"资格；要组织教师投身社会实践，提高应用技能；要通过制定优惠政策，积极引进具有丰富实践知识的高级人才，改善教师结构，提高教师队伍中"双师型"教师比例；建议实施"外脑"工程，聘请校外专门人才来校讲课，从事实践教学指导工作，经过长期合作，建设一支稳定的高素质的兼职教师队伍。

**5. 品牌示范，增强校本特色引导力**

抓住与本地主导产业紧密关联而且办学实力强、办学水平高的高等院校，加大投入，重点支持，建成名牌院校，发挥其示范带头作用，以此来加大高等院校发展的步伐。此外，本科院校有多年办本科教育的经验，在本科层次的教育中有得天独厚的优势，要继续下大力气办好现有本科院校和本科教育基地。在控制高职院校"专升本"比例的基础上，办好已有的四年制和"专升本"三加二学制的高等职业本科教育，提高其办学层次，带动其向更高层次发展。

社会经济对高等院校人才的培养要求日趋多样化、特色化，高等院校之间竞争激烈，生存空间拥挤。因此，高等院校要将特色作为实力，减少趋同化的竞争，各自在特色领域拓展生存空间。

**二、湖南高等院校旅游教育利用本土特色资源推进转型的实证研究**

近年来旅游业得到了世界各国政府的普遍关注，其综合性的特点使其成为一个最具发展活力和潜力的产业，一跃成为当今世界第一大产业。中国是全球最热门旅游目的地国之一，中国旅游业所需人员较多。高等院校旅游教育要结合本土特色，完善教学内容，推进内容改革和创新。以下是湖南高等院校旅游教育内容本土创新的实例。

**（一）湖南旅游产业的发展前景与高等院校旅游教育现状**

湖南旅游资源十分丰富，山水风光秀美奇特，历史文化底蕴深厚。而且湖南旅游资源禀赋和经济社会发展需求具有巨大的潜力，这表明湖南旅游产业发展前景非常广阔。但湖南高等院校旅游教育的现状却不容乐观。

**1. 湖南旅游产业的发展潜力巨大**

近年来，全球旅游重心正逐步向亚太地区转移，到我国旅游的国际游客越来越多，中国正成为全球最安全、最有吸引力的旅游目的地之一。根据测算，旅游收入每增加1元，可带动相关产业收入增加4.3元。数据显示，2018年湖南全省接待国内外游客总人数达7.53亿人次，比2017年同期增长12.5%；实现旅游总收入8 355.73亿元，同比增长16.49%。其中湖南省共接待入境旅游人数3 650 822人，与2017年同期相比增长了13.14%；实现旅游外汇收入152 040.66万美元，同比增长17.37%。接待国内游客74 935.45万人次，与2017年同期相比增长12.5%；实现国内旅游收入8 255.12亿元，同比增长16.51%。纵观2013—2018年湖南省旅游业发展，旅游收入不断增长，年均复合增长率为25.52%，增长十分迅速。2018年湖南省旅游总收入突破8 000亿元，比2017年增长16.49%。

湖南全省自然山水与人文景观交相辉映，区位上紧邻粤港澳，贯通南北、承东启西、通江达海，生态环境、交通设施等明显改善；有岳阳楼、张家界、马王堆、凤凰古城等具有国际影响力和竞争力的旅游品牌，有悠久的历史文化遗产；有一代伟人毛泽东、刘少奇、彭德怀等革命家的声誉和影响。省委、省政府决定：依托具有湖南特色的自然风光、历史文化、民俗文化、宗教文化等旅游资源，大力发展乡村游、工业游、都市游、红色游、商务会展游等专项产品，形成多元化、系列化、适应游客不同层次需求的旅游产品体系，有条件实现由旅游资源大省向旅游产业大省的跨越。

**2. 湖南高等院校旅游教育的发展空间广阔**

根据调查，随着旅游事业的迅速发展，需要大量高等院校培养既能从事高级服务又能从事生产第一线管理的专业人员，且不宜以同类专业的中专毕业生替代。就湖南省而言，旅游事业的发展速度与从事旅游业的专业人员的数量和素质极不相称，从事旅行社、星级饭店工作的具有专科以上学历的专业人员只占从业人员的18%左右。目前，旅游从业人员来自四面八方的各行各业，许多人员未受过旅游专业方面的教育和训练，人员构成参差不齐，思想素质、业务水平相差悬殊，出现了高素质人才严重缺乏、低素质人员过剩的局面。当前，能熟练掌握出境游团队的调度、订机票、办签证、发团以及与境外旅行社联系等一线操办人才，是旅行社之间"挖角"的热门人选，月薪较高；至于旅游线路设计人才或拥有大量客户的部门业务经理，月薪就更高。湖南旅游市场还需要大量高级导游人才、旅游规划人才、旅游市场人才、会展旅游人才、旅游商品开发人才、度假和商务旅游开发人才等。为此，随着旅游业的迅速发展，还需要大批年轻的从事旅游业的专业人才，这为湖南高等院校旅游专业的发展提供了契机和发展空间。

**3. 湖南高等院校旅游教育的现状不容乐观**

据不完全统计，截至2018年，湖南省共有17所本科院校开办旅游专业，有19所高职院校开办旅游专业。人们理解的旅游行业的从业人员基本上做的是服务性工作，是地位较低的行业，难以引起足够重视。再加上旅游企业用工不规范，没有按劳动部门所要求的劳动就业准入制度管理旅游从业人员，高等院校旅游专业部分学生毕业后就业困难。这样一来，高等院校旅游专业显得底气不足、吸引力不够。

当前，湖南高等旅游教育作为新兴学科，硬件建设、软件建设都相对薄弱。师资力量不强、课程建设跟不上发展。大多数教师是从相关专业（如地理学、历史学、经济学）转到旅游专业从事教学工作的；近几年培养的旅游管理专业硕士毕业生也不一定愿意来高等院校就业。转行的专业教师，由于只经过短期培训就匆匆上岗，对本专业相关的现状和发展缺乏了解。本科院校的毕业生，理论基础较好，但从学校到学校，缺少行业实践经验。旅游教育课程设置传统观念较重，关注知识传授而忽视综合素质（如演讲能力、写作能力、创新能力、协作能力等）的培养；重视专业课程而轻视人文课程（如人际关系、沟通技巧、职业道德等课程）；课程的重复性内容多，知识较混乱，如一些基本概念不仅在多门课程中均有出现，而且各不相同，造成学生理解困难，而且浪费了教育资源。

**（二）湖南高等院校旅游教育发展坚持本土创新的必然性**

一方水土养一方人，一方水土孕育一种民族传统和人文精神。湖湘大地经过悠久历史文化沉淀形成的湖湘特色是这片土地的区域特色。因此，为适应旅游强省的人才要求，发展湖南高等旅游教育要凸显湖湘特色。

**1. 旅游强省战略决定湖南高等院校旅游教育人才必须突出湖湘特色**

湖南省委、省政府确定旅游强省战略，是湖南高等院校旅游专业的福音。旅游强省的关键是旅游人才，旅游人才的培养任务主要是湖南高等教育。湖南高等教育坚持湖湘特色的人才培养目标，是高等院校学生适应湖南旅游业、顺利就业和高比例就业的保证。当前，有的高等院校办旅游专业，办学目标不明确、定位不准，注重生存因素、忽视发展因素，对于为旅游行业培养什么类型的人才（服务操作型人才、基层管理人才、中高层管理人才）缺乏规划和定位，以致教学计划、课程设置针对性差，培养出来的学生在知识结构、能力结构方面难以适应湖南旅游行业相关岗位的任职要求。为此，湖南高等院校旅游教育要适应旅游强省的战略，坚持科学定位人才的培养目标，以湖南的实际需要为出发点，调整教学计划和教学要求，明确培养目标和培养方法，改善职业教育"普教化"的状况，使教学内容与行业实际紧密结合，适应用人单位的从业要求，为培养一支高质量的、操作技能型的、具有服务精神的湖南旅游从业队伍而确定整个湖南高等院校旅游教育的目标。

**2. 旅游的地方特色决定湖南高等院校旅游教育的湖湘特色**

一个国家和地区的特色旅游一般都具有很强的垄断性。它是长期积淀的结果，很难被复制和移植，是旅游目的地发展旅游业的首要依托条件，具有很高的潜在经济价值，旅游目的地的地方特色带给游客的印象也是深刻和持久的，能够再次激发旅游动机。每个地方要想留住游客，都得凸显自己的旅游特色，否则游客在离开时就会说"没什么好看的"。一个地方越有特色，就越有魅力。北京、西安有凝重的历史让人缅怀，上海、广州有各种思想与思潮的长期积淀向世人表述，西藏有神圣的宗教给人洗礼，澳门展现的是欧陆风光、江南美景的迷人风韵。人们一谈到湖南就会想到其独特的湖湘韵味。湖南高等院校旅游教育为湖南旅游业服务，理应凸显湖湘特色，必须坚持湖湘特色的教育方向。

**3. 湖湘文化根基引导湖南高等院校旅游教育的湖湘特色**

文化是旅游之魂，没有文化的旅游就没有魅力。湖南旅游产业的特色在于湖湘文化。吸引游客观山赏水是旅游产业发展的初级阶段。只有文化与旅游相融合，让游客在文化浸润下观光旅游，才能吸引和留下更多的游客特别是海外游客，旅游产业才能发展到高级阶段。湖南人杰地灵，人才辈出，湖湘文化底蕴深厚，以苗、侗、瑶、土家等少数民族为主的民俗文化多姿多彩，广播、影视、出版等文化产业在全国具有较大影响力。湖南旅游产业凝聚着诸多的湖湘文化气息，激发着全国各地游客浓厚的探询兴趣。从历史的角度看，湖湘文化的最大特色是拥有一大批既有文化知识，又有经邦济世志向的知识群体，这些在湖湘文化的熏陶下成长起来的文化人，因最大限度地发挥了文化的社会功能，故而在史册上写下了辉煌的历史篇章。湖湘文化的这一鲜明特色又体现在当代的经济建设中。特别是由于知识经济的崛起、文化产业的发达，人才资源显得越来越重要，人才资源对经济发展的作用则开始凸显出来。在其他资源并不具有突出优势的湖南，偏偏文化产业崛起，这恰恰是由于湖南发挥了一大批文化人在文化产业中的重要作用，并明显地透露出湖湘文化资源优势的特色。湖南高等院校旅游教育只有坚持湖湘特色，才能适应旅游强省的战略要求。

**4. 湖南旅游业的从业要求主导湖南旅游教育的湖湘特色方向**

当前，随着旅游大省向旅游强省转变策略的逐步实施，湖南旅游业需要大量懂湖南历史、具有深厚湖湘文化底蕴的旅游人才，湖南旅游业的从业要求将主导湖南高等院校旅游教育的特色。湖南高等院校旅游教育要着力打造高素质的人才工程，与湖南旅游业对高层次人才的需求相对接。着力培养专业技能过硬、服务意识较强、复合型、协作型、应用型服务人才，加大湖南旅游人才的全方位培养力度，促进旅游人才培养的多样化。有的高等院校旅游教育是"快餐"式培养模式，缺乏旅游服务的思想意识，缺乏坚实的素质基础。这样，导致学生眼高手低，没有从事服务工作的心态，就业方向不明确、就业难；没有专业知识和基本素质做基础，发展的潜力小，没有创新能力，适应不了时代和形势的需要。同时，旅游工作无论是做管理还是做服务，从根本上说都是属于服务性行业，因此不仅要求有进入社会适应生存的基本素质，而且要求有从事旅游职业的行业素质，特别是职业意识和职业态度的养成。

### （三）突出本土特色加快湖南旅游教育发展的着力点

面对旅游强省的战略，湖南高等院校旅游教育必须采取切实可行的对策，打造湖湘特色的高等院校旅游教育航母，以适应湖南旅游强省的战略要求。

**1. 加强湖南本土教材的建设**

教材是培养人才的工具。培养符合需求的旅游人才，优秀的教材起着重要作用。旅游业的特色是本土特性明显，没有本土的教材，要培养本土的人才也是无米之炊。当今，高等院校旅游教育有很多普适性教材，如《旅游基础知识》《旅游法规》《旅游心理学》《客源国（地区）概况》《导游实务》《饭店客房管理》《实用旅游英语》《中国旅游文化》《旅游景区管理》《饭店前厅管理》《旅游市场营销与管理》《旅游礼仪》《旅行社经营管理》等。这些教材的结构和内容缺少湖南本土特色或与本土旅游概况联系不紧密，以致本土适应性不强。加强教材本土适应性改革应该突出本土旅游资源的特点、突出本土文化特色，增强本土旅游的案例教学，以提升本土旅游的服务层次和水平。湖南高等院校旅游专业教材的完善需要借助多门学科理论，这就要求，首先从旅游人才的市场需求分析和调查职业岗位（群），以职业岗位（群）所需知识、能力结构为出发点，分解出从事岗位（群）所需的核心能力与相关的辅助能力，然后对教材进行全面系统的规划，出版一套本土特色浓厚的高等院校旅游教材，从而达到培养学生从事一种或几种职业能力的目的。

**2. 培育湖南本土旅游教育师资**

作为高等院校旅游专业教师，除了应该具有教学的基本素质，还应具备一定的实践经验。在德国，从事高等教育的教师，除了要具有博士学位，还必须有 5 年以上从事专业实际工作的经历。在我国，目前活跃在旅游教育战线上的主力军是高等院校的硕士、本科毕业生以及半路出家的教师，他们在旅游岗位上的实习工作经历较少，这就导致湖南高等院校旅游教育师资薄弱。针对这种现状，湖南高等院校旅游教育应实施特色突出、层次分明的多种"校企联姻"、校企沟通方式，造就由重"管理决策实战"到重"服务技能操作实践"等不同层次的"双师型"专业教师。旅游规划与经济发展、旅游文化底蕴的发掘、旅游管理都是实践性很强的学科，且具有地方特色。学校可考虑定期选派教师到旅游企业去挂职或参与其管理和决策，去有关政府机构了解方针政策及地方的经济发展状况。这些举措的实施有利于教师开阔视野，提高理论联系实际和解决实际问题的能力，从而深化教学内容，使教学更具有活力、吸引力及实用性，同时，也能为他们开设新学科提供素材。

通过增强"双师型"高等院校旅游师资力量的理论联系实践的能力，来提高教师科研能力，进而解决教师教学思路的逻辑性和科学性等问题。从长远来看，还能破除"服务技能无科研"的传统认识，打造出擅长由"现象"升华至"理论"层面的高素质的集教学科研实践能力于一体的教师队伍，为湖南高等院校旅游教育的"特色化"人才培养策略做出智力支持，真正从理论到实际都服务于湖南旅游产业的发展。

**3. 突出湖南文化教育特色**

离开文化底蕴的旅游产品是有缺憾的，旅游市场竞争力的核心就是旅游文化，旅游人才的文化能力是从事旅游业的第一能力。就湖南来说，挖掘湖湘文化的底蕴、自然山水资源和人文资源，才能显现出灵气和人气。湖湘大地经过多年的文化积淀，其精髓"文章传万世，铁肩担道义""先天下之忧而忧，后天下之乐而乐""经世致用""敢为人先"已成为湖湘人的精神。岳麓书院门口"惟楚有材，于斯为盛"的宣言虽有点张扬，但不得不佩服其震撼力。作为湖南的旅游从业人员，没有湖湘文化素养是难以与湖南的旅游业相称的。因此，湖南的高等院校旅游教育有必要加强湖湘文化的教育。

湖南旅游的魅力在于湖湘文化，湖南高等院校旅游教育的特点也在于湖湘文化。湖南高等院校旅游教育必须强化湖湘文化特色，体现历史的厚重和文化的深刻。因此，有必要整合湖南高等院校旅游教育资源，进行现实而长远的改革和创新，打造湖湘文化旅游教育的品牌专业，以凸显湖湘精神。选择能够代表湖南高等院校旅游教育水平的学校，资助、扶持和指导开设具有湖湘文化的旅游专业，创湖南高等院校旅游教育特色。然后规划发展，让湖湘文化教育成为湖南高等院校旅游教育的特色。

"若道中华国果亡，除是湖南人尽死"，湘人的自信、湘人的贡献和地位，绝不是那种敷衍的作为和浮躁的心态能够体味和把握的。湖湘文化这么深刻扎实，成为湖南的品牌旅游产品当之无愧，理应是湖南高等院校旅游教育的着力点。

### 三、立足湖南本土特色的湖南高等院校红色旅游课程开发案例分析

红色旅游是我国 20 世纪 90 年代兴起的专项旅游产品，是以革命纪念地、纪念物及其所承载的革命精神为吸引物，组织、接待旅游者进行参观游览，实现学习革命传统教育和振奋精神、放松身心、增加阅历目的的旅游活动。加快红色旅游发展是在新时期改进和加强爱国主义教育、革命传统教育、未成年人思想道德教育、大学生思想政治教育和保持党的先进性教育的重要举措，是保护和利用革命历史文化、传承和弘扬革命传统与革命精神的重要途径，也是促进革命老区经济发展和老区人民脱贫致富的重要措施。湖南是中国革命的摇篮，有着十分丰富的红色旅游资源，也是文化和旅游部重点培育的 12 个重点红色旅游区之一，这为湖南发展红色旅游提供了良好的条件。与此同时，湖南也面临着与另外 11 个强大的对手竞争的局面，要在国家重点培育的 12 个红色旅游区中确立自己的地位，必须充分利用湖南红色旅游的特色——湖湘特色，使湖南红色旅游具有核心竞争力，只有这样才能在重点红色旅游区中奠定自己独特的地位。

#### （一）湖湘特色：湖南红色旅游专业的核心价值

旅游的重要特征之一是区域特质，红色旅游也不例外。当前我国大多数的红色旅游凭借其革命圣地的优势，忘记了区域特质的开发，因而使许多红色旅游开发存在千篇一律的缺陷，没有开发出自身的特色。湖南红色旅游的区域特质突出地表现在其湖湘特色上，但是当前还没有引起湖南红色旅游景区、景点的高度重视。因此，尽管湖南的红色旅游资源十分丰富，但其旅游地位与资源优势却不相称，湖南红色旅游还存在巨大的潜在发展空间。

湖湘特色对湖南红色旅游的重要意义是多方面的，主要表现

在如下几个方面：

**1. 湖湘特色的吸引魅力**

人们说起湖南的红色旅游，首先就会想到湖南这片土地所出现的优秀人物和与之相联系的历史事迹及其所留下的遗址、遗物，吸引人们踏上红色之旅的正是湖湘大地的神奇特质以及湖湘文化的深刻意韵。在湖湘土地上形成的具有地域特色的纪念地、纪念物及其所承载的革命传统和革命精神是湖湘特色的突出表征，它能够吸引游客参观游览革命圣地、缅怀先烈的革命精神，达到放松身心、提升精神境界又享受湖湘特色风情的神奇功效。

一方面湖湘特色吸引人们去探寻红色足迹。湖湘红色人物带有一定的传奇性，尤其是湘籍无产阶级革命家群体（毛泽东、刘少奇、彭德怀、任弼时、贺龙、罗荣桓、蔡和森、向警予、李富春、粟裕、黄克诚、谭政、萧劲光、许光达、蔡申熙、左权、黄公略等）在新民主主义革命中独树一帜。这支神奇的革命队伍，是其他地区任何红色旅游不能复制的特色，这些革命家的成长足迹和成长经历充满浓郁的湖湘传统和文化熏陶，具有相当大的吸引力。湖湘这片土地何以有如此神奇的功力能够锻造出这样一支优秀的革命队伍？当年他们能够从这条崎岖小路踏上一条宽敞的革命道路究竟是有一种什么样的魔力？这些问题铺垫了湖湘红色旅游的神秘感和吸引力。

同时，湖湘特色吸引游客深究湖湘红色精神。红色旅游的所在地都凝聚着一种精神，湘籍无产阶级革命家群体继承心忧天下、百折不挠、敢为人先的湖湘精神，在中国近现代史上引领革命潮流，播种红色圣地，展现了一幅近现代史画卷，凸显了中国近现代革命的红色精神。湖湘红色人物正是在这种精神的激励下，在中国革命中表现得非常突出，许多游客来湖南进行红色旅游就会探究这种具有湖湘文化特色的精神。例如，电视剧《恰同学少年》，再现毛泽东、蔡和森等湖湘青年在湖南一师求学和探讨革命的历程，引来了国民对于这块红色圣地的景仰和崇拜之情，从而掀起一股新的"红流"。这是湖湘特色吸引力的生动验证，也显示了湘籍革命家这支浩浩荡荡的队伍可供挖掘和展示的湖湘红色精神的无穷魅力。

**2. 湖湘特色的竞争实力**

湖湘大地人文荟萃、人杰地灵，构筑了湖南红色旅游区域特色，湖南的人文景观以及湘籍革命家群体的活动故址和革命纪念地旅游资源在全国占绝对优势，形成了独特的垄断性的红色旅游资源。湖南红色旅游的纪念物与纪念地以及湖湘人物所承载的湖湘精神，是湖南红色旅游中一种垄断性、无法被复制的核心竞争力。突出湖湘特色是提高湖南红色旅游竞争力的主要途径。例如，毛泽东——响当当的名字，中国唯一，世界仅有，其文韬武略独步中华上下五千年，巍巍乎高山仰止；贺龙——两把菜刀闹革命；彭德怀——上万言书；夏明翰——砍头不要紧，只要主义真；任弼时——党和人民的骆驼；徐特立——革命第一、工作第一、他人第一……这之前还有魏源"师夷长技以制夷"，左宗棠抬棺抗击沙俄，谭嗣同"去留肝胆两昆仑"，等等。这些人物身上都流着湖湘血液，践行着湖湘精神。开发这些红色人物身上特有的湖湘气质，是湖南红色旅游区别其他地区红色旅游的核心竞争力。

**3. 湖湘特色的开发潜力**

旅游重在开发。湖湘特色是湖南红色旅游开发的重点也是成功的关键。红色旅游并非是湖南的特色，只有加上湖湘特色的红色旅游才能成就湖南红色旅游的品牌。"革命摇篮·领袖故里"是湖南红色旅游的主题，正是该主题的旺盛生命力给湖南红色旅游带来了开发潜力。据世界旅游组织估计：目前一半以上的国际游客是为了参观有关文化遗迹或文化娱乐与艺术欣赏而来，最受欢迎的文化吸引物是历史纪念地；对17种文化旅游项目发展潜力的调查也表明，其中的人文考古旅游居于榜首（约占75%）。湖南的伟人将帅故里、工农运动热土、红军光辉史迹等红色专项产品，依托丰富独特的湖湘特色成为湖南独有的红色旅游资源，可以开拓出品位高、质量优、特色明显的湖湘红色旅游产品。这些丰富深刻的史料史迹是湖湘大地孕育和培植的，因留下湖湘地理与人文印记而独具特色，显示出可供开发的潜力。

### （二）湖南红色旅游本土特色不强的原因

红色旅游开发很容易走入图片和资料展示的雷同模式，进而忽视地域特色所起的重要作用，造成红色旅游很大程度上只成为党团活动和学生接受革命传统教育的基地，而对一般游客缺乏吸引力。湖南红色旅游开发大体上也没有脱离这种模式，因而影响了湖南红色旅游的快速发展。

**1. 旅游形象与产品开发没有结合湖湘特色**

旅游形象是旅游区的个性特征（Personality），这种个性特征易于被游客辨识、记忆和传播，它展示地区属性、反映区域风貌，是对地区资源特色的最佳利用。形象是旅游区的生命，也是其形成竞争优势最有力的工具。个性鲜明、亲切感人的旅游形象以及高质量的旅游产品可以帮助旅游地在旅游市场上较长时间占据垄断地位。而这种垄断力来源于产品差异性与服务个性化。湖南虽然有伟人故里的旅游资源，但四川广安同样有伟人故里（邓小平、朱德等），广东中山有孙中山先生的伟人故里，江西江湾也有先祖伟人故里等。湖南当前的红色旅游产品以革命遗址、纪念地、纪念物的说明和展示为主，趋同化倾向较为严重。同时，湖南红色旅游产品开发基本上还是粗放型的开发，没有挖掘湖湘特色的深刻内涵，对于景区内的自然风光、淳朴的乡土人情、鲜明的地域特色及民族情调等，多数停留在低层次的观光浏览层次，没有形成系统的特色旅游产品。如红色旅游资源最丰富的韶山旅游区，名人效应排第一，但游客基本上是看图片、看遗址、看风景，且大部分游客都是一日游，没有什么特色的东西让他们多想、多留、多玩、多消费，这使旅游点的收入主要体现为门票收入。湘潭县乌石旅游景区就只有纪念馆与故居，产品单一，这并没有全面展示出彭德怀同志独具个性、影响极大、经历传奇的历史形象,因此缺乏吸引力。

**2. 旅游服务没有彰显湖湘特色**

旅游业通过提供旅游产品来满足旅游者的需要,为旅游者提供食、住、行、游、购、娱等方面服务的服务行业都应该凸显区域特色和不同于其他地方的特点。时下红色旅游口号重、政治意味强,普通游客不买账。在吃的方面,湖南湘菜有其色艳、香醇、味重的特点,有很多口味菜和特色菜,但景区周边整合这些特色菜的酒店不多。在住的方面,没有很好地利用当地本土资源(如原材料)、展现本土特色(如房屋结构)、让人体验本土生活,基本上是千篇一律的当代新型宾馆。还有,面对日益升温的红色旅游热潮,各景区盲目学习外来服务管理,进行标准化服务,千篇一律的服务内容和服务方式使游客们只要看一个景点就可以知道其他景点的服务,使湖南红色旅游出现越改善设施,旅游服务反而越难以吸引人的怪现象。

**3. 旅游副产品没有突出湖湘特色**

从整体来看,我国旅游副产品行业发展迟缓,其收入大概只占旅游总收入的20%,目前旅游业发达的国家该比例占到40%,有"购物天堂"之称的新加坡、中国香港该比例为50%~60%。现阶段各旅游景点、景区可以制作旅游纪念品的文化公司极少,多是从工艺品厂家进货。旅游纪念品与普通商品不一样,它浓缩着一个地方的民俗风情,沉淀着一次旅行的记忆。作为一次经历,旅游只能是曾经拥有,而旅游纪念品却可以天长地久。旅游地给游人留下的印象如何,除景点的高质量、服务的高水准之外,旅游纪念品给游客们留下的纪念也十分重要。湖南红色旅游区没有自己的旅游纪念品文化公司,而工艺品厂家提供的只是几个主要的旅游纪念品,不可能考虑到各景区、景点的具体情况,这样的结果是旅游纪念品的开发难以凸显当地特色,无法整合湖湘特色。

### (三) 凸显湖湘特色：湖南红色旅游的努力方向

湖湘文化是在湖南地区形成的具有独特风格的地域文化，作为中华文化中一个组成部分的湖湘文化，总是随着中华文化史的变迁、发展而不断地演变、重构。[1] 湖南红色旅游的魅力之一来自湖湘特色，因此要发展湖南红色旅游，提升湖南红色旅游地位，必须凸显湖湘特色，打造具有湖湘特色的湖南红色旅游品牌。

**1. 凸显领袖故里特色**

湘潭韶山、宁乡花明楼、湘潭乌石等景点是领袖故里红色旅游项目，这些地方是一代伟人毛泽东、刘少奇和彭德怀的家乡，是极具盛名的革命纪念地，其成长环境特点对其性格和才华的养成有很重要的关系，因此伟人故里的环境和氛围要突出差异性。毛泽东有健康的身体、高尚的道德情操、独特的性格、成功的领导智慧、和谐的人际关系、科学的工作方法，其环境和氛围应突出幽深、雄威、静谧、和谐等特点；刘少奇同志露而不显，更加擅长经济建设，其环境和氛围应体现细致、优美、开阔的特色；一代名将彭德怀坚定、果断，其环境和氛围应体现坚毅、顽强、豪勇的风采。这种因自然环境特色而形成优势互补的伟人故里游，会让人思索无限、回味无穷、印象深刻。这些伟人的特殊气质与风采，是与其故里的特色地域与文化特质相连的，奠定了他们成功的基础。旅游开发要充分挖掘和整理这些资料，不断丰富领袖形象、突出领袖特点。旅游活动同样可以就地取材，设想一下：夏天，夜幕降临，在毛泽东故居，搬起乡村小竹凳坐在门前的开阔地方，聆听一位老爷爷摇着大团蒲扇讲毛泽东小时候放牛、上学、叛逆等故事，会是一种怎样的乐趣；清晨，在韶山冲空旷的广场，背景音乐响起"东方红，太阳升，中国出了个毛泽东……"的歌声，过夜游客迎着朝阳参加升旗仪式，会是一种怎

---

[1] 朱汉民.湖湘文化传统与现代发展 [J]. 湖南社会科学，2011 (1): 1-4.

样的境界和沉思；对于年轻人，背景声音是警示语录"青年像早晨八九点钟的太阳，希望寄托在你们身上……"，这又是一种怎样的感染和教育。

**2. 凸出湖湘文化和湖湘文化精神**

文化是旅游的灵魂，文化在旅游开发中不但地位重要，而且运用领域十分广阔，在旅游景区景点、旅游餐饮住宿、旅游娱乐、旅游促销，甚至在旅游交通和旅游购物中都有丰富的文化内涵。浏阳河酒因一曲《浏阳河》的知名度而家喻户晓，足见红色文化的影响力。因此，只有将旅游规划和开发建设根植于文化的土壤之中，牢牢把握旅游的文化内涵，才能开拓视野、把握文脉、发掘深度、创新产品，从而开发出具有特色和生命力的旅游产品，提高红色旅游的市场竞争力。湖南有得天独厚的知名文化——湖湘文化，它是长期以来在现今湖南境内形成和发展起来的一种区域文化，具有独特个性。湖湘文化是湘籍无产阶级革命家群体成长的沃土，湖湘文化精神是湘籍无产阶级革命家群体革命精神的载体。湘籍无产阶级革命家群体身上体现了经世致用、实事求是的求实精神；关注政治、忧国忧民的爱国精神；批判继承、兼容并包的创新精神；卓厉敢死、勇承使命的献身精神，这种精神大多是湖湘文化孕育的湖湘精神。因此，红色旅游景区景点要挖掘这种文化精神，让游客一踏入湖湘大地就能够感受这种精神的影响和熏陶，能够感受这种精神的震撼力。

**3. 培育湖湘特色旅游人才**

旅游形象一旦确立，这种形象给游客的展示很大程度上就靠导游人员，因此对导游人员提出了更高的要求。红色旅游展示的是特定历史时期的人、事、物，不同于自然景点，承载着丰富的文化内涵和精神内涵。导游人员如果对这一段历史没有很深的了解，就无法让游客完整地认识到红色旅游的意义。导游人员需要有唱红色革命歌曲、讲红色革命故事、模仿伟人的声音和语言、生动展示伟人独有的革命活动等能力，如果导游具有这些方面的能力，其效果将是非常好的。目前湖南各红色旅游景点的导游人员对伟人经历的特殊历史时期并没有很深的理解，对景点的介绍停留在背诵导游词的阶段，无法满足游客对湖南红色景点想了解更多、理解更深的要求。因此，高素质、高水平的导游队伍建设势在必行。当然，培育深谙湖湘特色的红色旅游人才是一个系统工程，除导游外，还要培养和造就其他方面的管理人员与服务人员，如需要具备理解和把握湖湘饮食、娱乐、购物等方面特色能力的人才，还需要精通湖湘文化的其他旅游服务人才。

**4. 开发湖湘特色的旅游副产品**

旅游副产品有旅游纪念品、旅游美食、旅游购物等，让游客在享受红色旅游的同时，能够享受具有湖南特色的美味佳肴和旅游纪念品。红色旅游纪念品是最有发展潜力的商品，除伟人像章、纪念章外，各红色基地可以依据景区、景点的特色开发和生产自己的品牌纪念品。例如，韶山可以生产故居和风景明信片、草鞋斗笠蓑衣、竹瓢竹笔砚，还有"一担柴"式的缩微故居等产品；花明楼有桃花源式的田园风光，可以生产扁担、锄头、犁耙等农用缩微工具，还有原生态农耕明信片等。努力挖掘和思考，其实里面蕴藏无限商机。有人比喻旅游纪念品是一个城市的名片，这张名片有极高的收藏与鉴赏价值，如杭州王星记的扇子、苏州的双面绣、福州的寿山石、洛阳仿古唐三彩、西安仿古铜车马，等等。湖南"一担柴"式的伟人故居完全能够成为湖南红色旅游的名片。还有，湖南自古有"湖广熟，天下足"的说法，美食、购物旅游资源丰富，地方特产丰盛，整合这些特色资源，结合红色旅游的特点，可以开发出南瓜饼、红薯米、荞麦粑等红军粮食系列红色旅游商品，臭豆腐、红烧肉、毛家菜、毛家酒等一系列湖南红色旅游饮食等。这些产品迎合当今自然健康生态产品要求，既丰富了湖南红色旅游的内容，又能凸显湖南红色旅游的湖湘特色。

# 第九章
## 高等院校转型发展的保障策略

高等院校转型发展势在必行，必须夯实发展基础，强化制度保障。

### 一、强化大学生正确的价值观

青年学生是一个重要的社会群体，近年来，对于青年学生价值观引导的实践效果是相当有限的。实际上，对于青年价值观产生较大影响的，不仅仅是青年工作部门或教育部门的引导，而且是我国社会环境的演变、我国发展道路的选择。当今，市场经济的高消费、高诱惑及高科技犯罪手段凸显，以互联网为代表的现代传媒全球化，信息资源及表现形式快捷丰富，构成了多种社会势力争夺青年学生的复杂和严峻的现象。面对这样严峻的现实情况，加强与改进思想政治教育，引导青年学生树立正确的价值观，构筑起青年学生强大的精神支柱已经势在必行。正确价值观的培育是一个系统工程，需要综合运用政策、法律、舆论、教育及自身修养等多种手段，方能达到理想效果。[1]

#### （一）青年学生的价值观事关其成才

在学习生活中，价值观是个体的一种持久信念的体现，是导致个体差异的核心因素。个体社会化的过程伴随价值观的形成，

---

[1] 方爱东.关于正确价值观培育的对策思考[J].东岳论坛，2001（1）：102-104.

这种相对稳定而又具有一定弹性的价值体系，使个体更加愿意以一种特定的方式接受或拒绝现存的事物。

**1. 价值观与学生成长同行**

在一定的环境下，个体的价值观一旦形成，便处于相对稳定的状态，并以此判断自己学习、工作、生活目标的意义。由此可见，价值观是大学生形成学习、工作期望值的主要依据，即价值观决定着学生对权利与义务的看法。有什么样的决定，就会造成什么样的命运，而主宰我们做出不同决定的关键因素就是个人的价值观。各行各业的精英，不管是企业家、教育家还是大学生，在他们的专业领域之所以能有杰出成就，就是因为他们能够发扬光大所持的价值观。价值观代表着基本的信仰："个人或社会接受一种特定的行为或者终极存在方式，而摒弃与其相反的行为或者终极存在方式。"这种信仰里包含了道德偏好，因为它传达了个体的是非、好坏以及是否合心意等观念。价值观体系代表在一个人的思想里各种道德标准的优先秩序。个体的价值体系通过自由、快乐、自尊、诚实、服从及平等等道德标准在个体思想里的相对重要性来体现和确定。

**2. 价值观是学生未来的人生导向**

价值观是文化的核心，具有导向作用，是一种行为动力。在生活实践中，人们无不重视价值观的作用和影响。大学生是具有较多文化知识的青年群体，大学生是青年文化的重要载体，其价值观蕴含着独特的内容，从某种意义上说代表着当代中国社会价值观变化发展的趋势，是社会价值观发展的缩影和折射。大学生是党和国家的栋梁之材，其价值观不是一种独立的现象，它不仅关系到大学生自身的全面发展，而且关乎国家、民族、学校教育、家庭、社会等多方面的发展。包括大学生群体自身和社会在内的评价主体已经意识到大学生价值观评价的重要性和社会意义，他们从自身的角度，对大学生价值观进行不同的评判，阐发自身的价值观点，以影响大学生的价值取向。如果没有评价主体的重视，尽管大学生的价值观是客观存在的，但是也不一定会成为评价的价值对象，因此也不可能引起巨大的社会反响。

### （二）当代青年学生价值观存在偏差

现在高等院校的学生基本上是"00后"，他们在改革开放的环境中出生、成长，经济条件较好，与社会发展比较同步，对外界的接触和了解较多，整体条件比较优越，一部分人在思想认识上比较以自我为中心。

**1. 民族观念、集体观念、公德修养上的滑坡**

大学生在主体上忠于祖国和人民，有献身于祖国的责任感和坚强意志，希望祖国强大，希望人民生活安定幸福，具有强烈的民族自尊心、自豪感，但也有部分学生的爱国主义在一定程度上受到现实利益的诱惑，少数人显示出媚外心态。多数学生集体观念强，关心集体，热爱集体，但也有少数人对集体持中立态度甚至对立态度。学生的社会公德行为与社会公德意识不容乐观，知与行相分离，道德追求不强烈，道德修养不完善。

**2. 自我意识显示的双重效应**

"成人"意识的形成是高等院校学生自我意识增强的突出表现之一。"成人"意识在日益激烈的竞争中逐渐清晰起来，他们开始独立面对困难，独立面对快乐，独立面对社会，在各种矛盾的碰撞中，在与各种复杂问题的交战中，他们开始走向成熟稳健。同时，高等院校逐步摆脱了社会义务本位的主流价值，由传统的政治化、道德化的价值倾向转变为以经济为基础的功利实用倾向，开始全面重新审视并高度重视自我价值，显示出强烈的"自我"意识，崇尚价值主体的自我化。当个别的个人利益与他人、社会利益发生冲突时，他们会强调以个人利益为中心来决定其价值取向与价值目标。但也应当看到高等院校学生自我独立的执着表明他们有极强的权利意识、自主意识和个性。

**3. 理想追求的利益性**

高等院校学生注重与自己实际利益关系密切的理想目标的实

现，尊重和服从国家利益，但他们并不希望以牺牲自己的利益为代价；他们愿意为社会、为他人提供帮助和服务，但也要看自己能否获得实惠；他们憧憬未来，勾画蓝图，但首先要考虑自己置身其中的价值体现。一些学生"急功近利"，以"个人价值的实现"为借口，轻理想重实惠，缺乏远大理想。

**4. 择业观、职业观的功利性**

随着市场经济体制的进一步完善，高等院校学生自主选择职业的意识增强。不同利益关系的出现给当代大学生职业价值观的追求提供了众多的选择方向，追求职业所带来的实际利益成为求职大学生的首要目标。一项对上海重点学校大学生价值观的调查发现：73%的大学生概括自己的职业选择是所谓"新三到"（到国外去，到沿海去，到赚钱最多的地方去），这项调查说明，当代大学生以个人需要为中心，以实用有效为价值目标的自我设计方向和功利主义倾向严重。

**5. 交际观、爱情观、消费观的势力性**

大学生的交际环境变为虚拟与真实交错的二维空间。以手机通信和信息技术为支持的打破了传统的人际交往的生活方式，使他们走向了跨时空、跨地域的网络沟通，这一方面促进了高等院校学生交往的便捷性，有利于新型代际关系的形成，但另一方面又使人际交往变得虚拟化，一部分学生成了"数字化"人，一部分学生人际交往注重利益，趋向功利化和世俗化。高等院校学生逐渐放弃了传统的神圣爱情观和责任婚姻观，呈现出"物质化"趋势、"游戏化"味道。现代的快节奏生活和西方所谓"解放爱情"思潮给爱情以强大冲击，使爱变成了利益权衡。道德责任感的淡化，不求天长地久、只求曾经拥有的"快餐式爱情"观，把价值观引向畸形的、虚无的误区，由此造成所谓的"精神表层化"的现代病，同时爱情也由传统的"爱情独占观"转变为"爱情多元观"。高等院校学生追求消费，其消费行为往往强调个性和象征性，求新求美求变求异。他们炫耀消费、超前消费、攀比消费和冲动消费,注重身份,讲究情调,从而导致享乐主义和拜金主义的蔓延。

### (三) 引导高等院校学生树立正确价值观的主要途径

大学生价值观的形成有许多综合因素,针对高等院校学生价值观的形成环境和特点,各级各部门应该联动,必须至少从以下方面正确和有效地引导学生的价值观。

**1. 充分发挥学校在高等院校学生价值观教育中的主渠道作用**

用马克思主义基本原理、习近平治国理政思想教育武装当代大学生,使当代大学生牢固树立社会主义核心价值观;营造具有社会主义特点、时代特征和学校特色的校园文化,加强大学生的素质教育,开展丰富多彩、积极向上的学术和娱乐活动,寓教育于活动之中;通过军政训练、社会实践、青年志愿者活动和其他公益活动,增强大学生的社会责任感;加强校园网建设,使网络成为弘扬主旋律、开展价值观教育的重要手段。深入开展心理健康教育,加强对大学生的就业指导,引导其科学消费。在青年群体中弘扬和培育以爱国主义为核心的伟大民族精神,加强青年群体思想道德建设,充分发挥青年引领社会风气之先的作用,引导青年努力做中华民族传统美德的传承者,体现时代进步要求的新道德规范的实践者,新型人际关系和良好社会风尚的倡导者,是青年思想道德教育的重要目标;通过大力实施青年文化行动,对青年群体强大精神支柱的构筑发挥渗透、影响作用;通过进一步深化"青年志愿者"等社会实践活动,增强青年群体的社会责任感、使命感及奉献社会的精神。

**2. 加强社会主义精神文明建设,提供良好的社会环境**

目前,青年往往处于信息时代的前沿,他们的信息来源比年长者更多,接收的信息也比年长者更丰富。一些研究表明,课堂和教科书对青年的影响越来越小,而大众传媒、同龄人之间交流的影响越来越大,特别是互联网这个工具,同时促进了大众传媒和同龄人交流的影响范围和影响深度,已经跃居大学生获取信息渠道的首位。要重视通过文化产业和互联网来引导青年思想、青年价值观。文化产业内容必须能为大众所接受，否则劳民伤财，招致逆反心理。宣传、理论、新闻、文艺、出版等方面要坚决弘扬主旋律，以正面宣传为主，树立先进典型，抓好示范教育，为大学生价值观建设营造良好的社会舆论氛围；各类网站要把握正确的导向，主动承担社会责任，积极开展形式多样的网络教育活动；依法加强对高等院校周围的文化、娱乐、商业活动的管理，坚决打击侵害学生合法权益和身心健康的事件，坚决抵制各种有害文化和腐朽生活方式对学生的侵蚀。针对近年来学生价值取向由社会本位向个人本位持续倾斜的现实问题，学生道德实践应当坚持贴近生活、贴近人民群众的实践、贴近个人生涯发展目标的原则。通过深入地了解国情、了解历史、了解社会发展中的问题、了解当代大学生的责任与使命，把报效社会和成就自我有机统一起来，逐步形成高远的社会理想、高尚的道德追求、高雅的生活情趣，在服务人民的过程中寻求个人价值的最大实现。

**3. 优化家庭教育，提供良好的家庭氛围**

家庭是学生的第一课堂，家庭对学生价值观的形成具有长期、深刻的影响。家庭教育有着学校教育和社会教育无法比拟的优势。从小时候开始，父母便与子女朝夕相伴，对子女的情况最熟悉，父母对子女的教育也最具有针对性和及时性。同时家庭教育增加了情感教育，可以更好地做到动之以情、晓之以理、导之以行。为此父母要注意加强对子女的品德、人格教育，使家庭教育建立在科学、民主的基础之上，倡导科学、健康的生活方式。在激烈竞争的高压之下，独立和自我实现成为当前学生普遍的价值标准。所有的父母都希望自己的子女出类拔萃。这样的价值观和教育方式，也许会培养出一批社会精英，但同时也会培养出一些自暴自弃的学生。家庭教育一定要有正确有效的方式，要发挥榜样的力量。在多元价值观的背景下，作为思想政治教育的一般方法，榜样教育发挥着重要作用。[1]

**4. 加强法治建设，规范价值观的形成**

在市场经济条件下建立当代大学生的价值观体系，就必须把价值观体系的建设与法治建设结合起来，使一些基本的社会价值观法治化，通过有效手段来弘扬某些价值精神，使当代大学生的价值观建设走上规范化、制度化、法律化的途径。

## 二、突出办学特色提升品牌地位

《国家中长期教育改革和发展规划纲要（2010—2020 年）》首次将"优化结构办出特色"确定为高等教育改革和发展战略任务，"建立高校分类体系，实行分类管理""引导高校合理定位，克服同质化倾向"已在社会各界引起更加强烈的共鸣，达成更加广泛的共识，"地方所属普通本科高校转型发展"也相应成为热度更高的实践命题，摆上了教育决策者和高等院校办学实践者的重要议事日程。国务院印发《关于加快发展现代职业教育的决定》，将"引导普通本科高等学校转型发展"纳入加快构建现代职业教育体系的组成内容，提出"采取试点推动、示范引领等方式，引导一批普通本科高等学校向应用技术类型高等学校转型，重点举办本科职业教育"，开启了我国推动部分本科高等院校以强化应用技术人才培养为重点之一的高等教育内涵式发展新篇章和时代新任务。

### （一）转变办学理念，以特色服务经济社会发展

先进的理念是地方本科院校实现转型发展的前提，也是大学的灵魂，体现着一所大学的理想、追求和信念。地方本科院校的转型其实是要改变一些不适应社会发展的部分，并不是降低学校的层次和规格，而是在高等教育系统中找准生态位的过程。明确自己要为地方经济发展和产业转型升级提供相应的高级应用技术

---

[1] 谢惠媛. 多元社会中正确价值观的塑造：榜样教育的理性解读及当代构建[J]. 四川师范学院学报（哲学社会科学版），2003（2）：26-29.

人才，即办学理念要体现三个方面，首先是时代性，要适应地方经济社会发展的需求；其次是现实特色，要以特色寻求自身的合理生态位，谋求生存空间，追求质量、跟踪市场、鼓励竞争、重视成本与效益，谋求学校的可持续发展；最后是预见性，学校要预测未来社会的发展趋势和教育自身的发展规律，打造特色，服务与引领地方经济社会发展，推动社会进步。

### （二）改革人才培养模式，对接经济发展需求

人才培养对接经济发展需求，实践教学环境贴近生产实际，地方本科院校要重视实践环节的教学，把实践教学搬到实际生产过程中，或者尽量贴近生产实际，使学生的知识、能力、素质结构具有鲜明的职业化特征。促使高等院校转型，关键在于改革人才培养模式，在课程体系、教学方法、实践教学、考核方式等方面进行改革。要制定出不同于重点本科院校和办学历史悠久本科院校的课程体系和教学方法。以提升学生应用能力为核心，追求理论够用、突出实际应用的课程知识和实际操作的生产技能，联合行业、企业深度参与人才培养过程。开展政产学研合作教育，产教融合，坚持在学中做，边做边学，构建以实践性课程模块为特征的课程群，重视理论对解决生产实际和社会问题的作用。改革教学方法和教学内容，完善多元化的考核方式，增加综合性、设计性实验和案例式、讨论式教学方法，开展实地教学、项目实践。重视学生课外生产生活实际的训练和学习，满足学生个性化发展的需要，尽量把学生的实践能力和创新能力培养放在贴近生产实际的教学环境中进行，实现教学与生产的无缝对接。

### （三）重视教师的双向流动，强化"双师型"教师的培养

教师始终是地方本科院校转型发展的决定性力量。转型发展的目的是培养应用型人才，这离不开相应的教师队伍建设。培养适量的"双师型"教师是关键。新建本科院校要求学科专业建设与产业转型升级密切联系，教师就要具备将学科专业知识转化为产业行为的能力。这就要求教师队伍中既要有学术领军人物，

又要有一定数量企业背景的"双师型"教师，甚至要直接从企业请"师傅"组建学科团队，改变教师队伍的知识和能力结构，以学科建设集聚多方面的力量，以技术开发项目、协同创新项目、政产学研合作共建平台，汇聚和培养"双师型"人才；重视双向流动，既选派中青年教师到境内外高等院校、科研机构和大型科技企业访学研修；也适量外聘企业或行业专家作为兼职教师，为学生提供鲜活的案例教学、实践指导和咨询服务，从而使基础课教师、"双师型"教师和技术研发型教师协调发展，促进新建院校从人才培养规格和质量上转型。

**（四）摸清区域产业发展方向，规划专业建设对接途径**

地方本科院校一般位于地方，以服务地方作为生存根本，对学校的专业建设应以需求为导向，对接地方优势产业、特色行业，立足学校历史和现实办出特色，防止贪大求全。以专业链对接区域重点发展的产业链，使学校专业群、人才培养链、人才培养规格分别与区域经济发展的产业群、产业链、企业岗位需求相匹配，为区域培养下得去、用得上的急需人才。既要调整和改造传统专业，如把基础理科专业改造成应用性理科专业，文科专业也强调应用性，又要根据地方实际稳步拓展工科专业，使所培养的人才主动适应社会发展，体现社会相应岗位的职业要求。建立专业动态调整机制，关闭少量不适合时代发展的专业，并预测分析区域产业发展和未来人力资源的需求趋势，使专业设置既满足现在的需要，又体现出一定的前瞻性。

**（五）搭建政府制度平台，推进校企深度合作**

我国地方院校大多是公立院校，与政府关系密切，政府要建立与企业、行业及大学之间的伙伴关系。推进高等教育管办评分离，尽快修订《高等教育法》并制定激励企业、行业参与院校转型发展的配套政策。学校要主动与地方共建教育资源，校企深度合作，建立政产学研合作教育联盟，充分利用地方及其周边的行业、企业优质资源，以横向课题为纽带，搭建教学科研共享平台、实习基地，借助区域优势打造高等院校的专业优势和地方特色，为地方经济社会发展提供技术支持与人力资源，使高等院校成为地方经济发展的"动力站"和"科技产业伙伴"，改变目前校地、校企联络不深的现状。

**（六）更新评价制度，引导教学理论与实践逐步融合**

要充分发挥学校评价制度的激励、制约和导向作用，引导各部门把教学的理论环节和实践过程逐步融合，学以致用，把科研关注点集中到应用研究上来，真正解决社会问题。在职称聘任、干部任用、学生评价上都注重以实践成果为导向，理论够用，鼓励创新，充分体现学校以培养应用型技术人才为主的全部内涵，不断提高学校的教学、科研能力和服务成效。同时注重引入第三方评估，按照专业认证标准，培养具有国际质量标准的应用型人才，逐步引导学校向应用型方向发展，最终顺利实现转型。

### 三、完善薪酬管理留住优秀教师

以人为本的科学发展观要落到实处，要求我们当前的每项具体工作必须贯彻这种理念，高等院校的薪酬管理也不例外。人本理念是现代人力资源管理的进步和发展，在高等院校薪酬管理中坚持人本理念是管理人性化的客观要求。绩效考评和薪酬管理是现代人力资源管理理论的一个重要组成部分，是被实践证明了行之有效的管理方法之一。这一管理方法已成为政府、企业、事业单位考评单位与个人业绩的重要管理工具之一。薪酬是教职工劳动价值的回报，是教职工赖以生存和发展的基础，也是调动教职工工作积极性的最基本、最重要的手段。在推行岗位聘任制度、加强绩效管理与绩效考评中坚持人本理念，建立既讲公平又充满效率的人性化薪酬制度，是适应社会发展和实现人的发展的客观要求，是高等院校薪酬管理的基本理念。

**（一）人本理念是现代管理观念的深刻变革**

以人为本是社会发展的大势所趋，人本理念管理是现代管理的观念革命。人是整个世界唯一有思维的动物,也是为自身的价值而活的动物,因此,人有着一种固有的全面实现自身目标并形成新目标的内在动力,人生的价值与意义在于不断实现自身的目标,人工作的意义也正在于不断形成和实现自己的价值,从而不断促进自我的发展。这就要求在人力资源管理中坚持以人为本的理念,严格遵循人的本质发展规律,尽量满足人的全面发展要求。

**1. 人性假定理论的人本思想**

麦格雷戈提出人性假定的 X 理论和 Y 理论,是一定历史时期管理政策、管理实务的高度概括,是现代管理人本理念的思想源泉之一。"X 理论"的人性假定是指:一般人均对工作有天生的厌恶,故只要可能,便会规避工作;由于人类具有不喜欢工作的本性,故大多数人必须予以强制、监控、督导,给以惩罚的威胁,才能促使他们朝向达成组织的目标而努力;一般人大都宁愿受人监督,性喜规避责任,志向不大,但求生活的安全。"Y 理论"的人性假定是以否定和批驳"X 理论"为出发点提出来的。它认为:一般人并非天生厌恶工作,工作究竟是不是一种满足的来源,视人为的情况而定;人为了达成其本身已经承诺的目标,将会"自我督导"和"自我控制",人对于目标的承诺就是由于达成目标后产生的一种报酬。这种报酬可以驱使人朝向组织的目标而努力;只要情况适当,一般人不但能学会承担责任,而且能学会争取责任;以高度的想象力、智力和创造力来解决组织上的各项问题,乃是大多数人均拥有的能力,而非少数人所独具的能力;在现代产业生活的情况下,常人的智慧潜能仅有一部分已被利用。对于 X 理论与 Y 理论的选择,有关人员采用量表调查,其结果表明,Y 理论代表着一种进步的发展趋势,为大多数人拥护。这说明人性假设理论的人本思想显示出了一种巨大力量,得到了认可。

**2. 由"事"到"人":人本管理理念的发展**

管理的起始是对事的计划、安排与控制,主要考虑组织的实现，是见物不见人的。随着社会的发展，人的主体地位越来越凸显，管理的重点才日渐落到了人的身上。人本理念，不同于"见物不见人"或把人作为工具、手段的传统管理理念，而是在深刻认识人在社会经济活动中的作用的基础上，突出人在管理中的地位，实现以人为中心的管理。人本理念，就是在管理中坚持以人为本，把人视为管理的主要对象及单位的最重要资源，通过激励、调动和发挥员工的积极性和创造性，以促进个人自身自由、全面发展为根本目的，从而实现整体目标，进而实现组织内全体人员全面发展的管理理念与管理模式。人本理念由原来被动型的管理转变为主动型的开发，由以"事"为中心的管理理念转变为以"人"为中心的管理理念，强调在实现个人的全面发展的同时实现组织目标。

**3. 人本理念推动现代管理观念的人性化革命**

人本理念使现代管理由管事向管人转变，由管理者只关心单位产出向关心单位员工的发展转变，它突破了人事管理的界限，在许多方面进行了创新：一是管理观念更新，它对员工的假设由原来的"单位人""社会人"转变为"文化人"，由原来将员工视为成本负担转变为有价值的重要资源；二是由产值向人的价值实现变革，它承认人的价值和尊严，相信人的本性、潜能、经验、价值、生命意义、创造力和自我实现，认为人皆蕴藏潜能，人性是积极的、建设性与社会性的，追求组织行为与人的主体性的有机结合，通过满足不同人的不同需求，以激发积极性和创造性；三是人文精神在管理中的地位凸显，它把人文精神贯穿于管理的整个过程，特别注重人文精神（促进人与组织共同成长）、人性思考（尊重员工，满足需求）、人生关怀（关心生活，交流情感）、人员激励（发挥潜力，人尽其才），把员工和单位融为不可分割的共同体。

**（二）人本理念对高等院校薪酬管理的内在价值**

高等院校薪酬管理的对象是具有较高知识和文化的教职工，

当前，高等院校之间竞争的根本在于人才的竞争，高等院校之间互相挖人才，教师频繁流动的现象屡见不鲜。高等院校之间的人才竞争，本质上是管理水平的竞争。人本管理是符合现代市场经济规律的一种管理模式，也是一种管理哲学，它强调管理要以人为中心，尊重人的价值，重视人性的完整性和人的需要的多样性，其要义是在管理中正确认识和处理人与其他生产要素的辩证关系，重视人的智慧、创造力及主导作用，实行综合性、动态性管理，从而帮助职工完善自我，实现人生价值，形成共同为单位的发展目标而奋斗的整体合力。因此，人本理念在高等院校薪酬管理中的内在价值就是以人为本、留住人才的心。

**1. 人本理念的薪酬管理能够留住教职工的真心**

学校的薪酬既是对教职工劳动的报酬，也是对教职工人格的奖励。只有充分尊重教职工的人格，让教职工感到自己的薪酬公平合理，实现了自己的价值，才能留住教职工的心，使优秀教职工不会流失。因此，薪酬管理必须以教职工为本，实现贡献与所得之间的公平，即薪酬的设计和实施后达到的效果要使教职工感到公平。教职工感受到薪酬的公平取决于三个层面的因素：一是薪酬要有外部竞争性，即他们的工资及奖金与同一地区、同等规模学校中类似岗位的薪酬不至于太悬殊；二是内部有公平性，即学校内相同岗位薪酬一致、不同岗位薪酬差异与贡献差异比值一致；三是对个人有激励性，即薪酬与教职工的实际贡献相一致。同时，薪酬管理的人本理念不同于平均主义，学校薪酬要真正体现按劳分配原则，根据教职工的能力和贡献，适当拉开差距，这样才能吸引和留住人才。学校的薪酬标准要有竞争力，但需量力而行、切合实际，能够让教职工理解和接受。为稳定高等院校青年教师队伍，应增强高等院校青年教师薪酬收入的保障功能，建立针对青年教师的绩效考核体系，薪酬收入和绩效直接挂钩，完善薪酬结构，提高青年教师薪酬起点，建立青年教师薪酬稳定增长机制，设立青年教师科研基金，帮助青年教师提高薪酬收入，保障青年教师收入的对内公平性和对外竞争性。[1]

**2. 人本理念的薪酬管理能够激励教职工的工作绩效**

员工的优良工作绩效是管理者的追求目标之一。管理心理学家佛农提出的期望理论模型认为，员工的激励来自达到预期绩效所需的努力、绩效薪酬预期以及个人感知到的薪酬的吸引力。一般来说，学校要想很好地激励教职工，必须创造以下条件：一是教职工确信优秀成绩或某种特定优良行为一定会给自己带来某种薪酬；二是教职工感到外在薪酬是有吸引力的，这种吸引力的感受会受到个人不同的价值观、需要和个性的影响（例如，喜欢权力的教职工希望被提升；年龄大的教职工希望退休金和养老保险的保障）；三是教职工确信某种水平的个人努力将能够使自己达到学校的绩效标准。如果教职工认为努力会带来成就，成就又会带来所期望的薪酬，教职工就会由此得到满足并被激励起来再次行动。一旦多种成功的经验得到重复，他们就会相信薪酬制度，这种激励就会持续很长时间。我们同样认为：激励作用会受到绩效—薪酬关系的制约，绩效—薪酬关系能起到激励作用，是因为绩效能带来薪酬，薪酬又能带来满意感，满意感又使教职工实现了自我价值，而自我价值的实现又可以推动组织目标的实现。

**3. 人本理念的薪酬管理可以增强教职工的归属感**

在市场经济中，人力资源主要是由市场这只"看不见的手"配置的。在劳动力市场，劳动力价格自发地牵动着劳动力由人力资本收益率低的部门向高的部门流动。当前，高等院校教职工流动性很大，归属感不强，严重影响了高等院校师资的发展。以人为本的薪酬管理能够克服薪酬边际效应对激励的消极影响，越来越多的学校通过职代会、教职工代表负责制等方式来增强教职工的参与感，其主要目的就在于提高教职工的内在满意感。学校薪酬制度的激励值或满意度取决于它给教职工所带来的平等感。如

---

[1] 王刚，张玉静，陈建成.高等学校青年教师薪酬管理的问题与增长机制[J].科技与管理，2008（5）：111-114.

果没有平等感,薪酬制度在教职工心目中的信任度将会降得很低,教职工也很难认同薪酬与绩效之间的联系。学校薪酬制度的公平性取决于学校领导者制定该制度的决策过程,取决于制定该制度的学校领导者的观点和看法。因此,有些管理专家认为,可以提供机会让教职工参与制定薪酬制度的决策过程,这不但可以增强薪酬决策和实施过程的透明度,提高教职工的主人翁感,还可以加深教职工对学校的归属感以及对学校的忠诚度。

### (三) 高等院校人本理念薪酬管理的制度设置

高等院校人本理念薪酬要有利于增强教职工基本薪酬的外部竞争力,充分体现教职工的社会价值和个人价值,使更多的优秀人才加入该行列,也可以激励更多的年轻人安心本行工作。著名管理学家陈怡安教授把人本管理提炼为三句话:点亮人性的光辉,回归生命的价值,共创繁荣和幸福。这道出了人本理念薪酬管理的目标和措施,为此可做如下努力。

**1. 确立科学的基本工资制度:彰显制度留人**

高等院校要结合人才市场的价格水平以及其他行业的综合情况,科学设定价格标准,确立基本薪酬制度。学校教职员工的薪酬基本分为外在薪酬与内在薪酬两类。学校外在薪酬中最主要和最直接的部分是工资。美国管理学者关于工资在所有重要薪酬因素中地位的 45 项研究中得出一个共同的结论:工资是最重要的,始终处在各行各业各种重要薪酬方式的前五位,在其 1/3 的研究中排名第一。内在薪酬又叫精神奖励,一般包括工作中的胜任感、成绩感、责任感、受重视感、影响力感、个人成长及富有价值感等教职工内心的感受和特定的综合事件,属于间接的、精神的激励方式。基本工资是教职工生存和生活的基础和保障,是教职工的首要追求。科学的基本工资是制度留人的重要举措,最先体现人本理念。

**2. 建立公正的绩效考评制度:彰显管理留人**

绩效考评是组织发展的重要支持,是职工工作报酬的有力依据。绩效考评结果与薪酬挂钩,才能发挥激励功能,才能体现效率优先,兼顾公平原则,才能客观评价高绩效的行为,发现与保护高绩效人才。职工行为的逻辑产出是业绩,从期望激励理论来讲,欲望—行为—结果—激励是一个循环;薪酬对职工的行为结果进行有效的激励,满足职工的欲望,就会强化或改变职工的行为,以适合单位的经营价值观念,从而产生单位需要的结果。因此,薪酬过程的公平性会对职工行为的业绩产生非常大的影响,这就要求薪酬与业绩相关联。无论怎样对教职工的薪酬进行调整,其目的都在于对教职工做积极性的调动与正确行为的激励,都在于提高学校的教育教学水平,最终实现学校的培养目标。但是学校领导者必须在方法上科学化、情感上公平化,以彰显绩效考评制度的激励作用。

**3. 实行合理的薪酬调整制度:彰显待遇留人**

薪酬调整尤其是薪酬上调是职工生活的必然要求,也是职工的心理需要。建立奖励、效益、工龄等薪酬增长制度是坚持人本理念的具体措施。一般来说,薪酬的调整有下列几种情况:奖励性调整,奖励性调整是针对教职工的优良工作业绩,为了鼓励他们扩大成绩、再接再厉而提高工资或奖金的做法,如上浮一级工资或低职高聘等;生活指数调整,生活指数调整是为了补偿教职工因通货膨胀等因素导致的实际收入减少、生活水平下降而提高工资或奖金的做法;效益调整,效益调整是根据学校效益,对全体教职工进行工资或奖金调整,这种调整一般根据"水涨船高"的原则进行,有利于加强教职工对学校效益的关切意识和"共同命运感";工龄调整,工龄调整从某种意义上讲,具有按绩效与贡献进行分配的性质,由于工龄工资中含有绩效成分,所以应把教职工的工龄、校龄与成绩结合起来,作为提升工资与奖金的依据,如每在学校工作一年,业绩突出者,加一定数量的校龄工资,这对稳定和吸引高水平人才具有重要的意义。

**4. 强化公平的人才聘任制度:彰显价值留人**

组织目标的实现与个人目标的实现是紧密关联的,这凸显了人才在组织目标中的作用。人才是高等院校开展教学与产出活动乃至获得成功的最基本要素。正如沃尔玛的创始人山姆·沃尔顿所说:"组织要获取成功,人就是关键所在,技术可以购买和复制,它在商业游戏上是公平的,而人是不能被复制的。"因此,一所高等院校要在本行业、本区域具有竞争力,人才的聘任制度要具有公平性,不能够因为在编与不在编之别影响激励机制的运作。如果在编人员有薪酬上的优越感、职位上的稳定感、工作上的便利感,那么绩效考评与绩效薪酬就流于表面形式了,无法起到应有的作用。事业单位的改革和发展就是推行聘任制度,那么就得一视同仁公平对待,取消这种优越感,对教职工实行公平的人才聘任制度和激励机制,使教职工获取公平的薪酬,这是人本理念的重要指导原则,也是教职工凸显人生价值的重要方式。

### 四、培育校园文化强化转型软实力

党的十九大报告明确提出,培育和践行社会主义核心价值观,要以培养担当民族复兴大任的时代新人为着眼点。这一论述,对培育和践行社会主义核心价值观的根本任务、出发点和落脚点提出了更加明确的要求。民族复兴的大任,即承前启后、继往开来,在新的历史条件下夺取中国特色社会主义的伟大胜利;即决胜全面建成小康社会,进而全面建设社会主义现代化强国;即团结奋斗,不断创造美好生活,逐步实现全体人民共同富裕;即推动我国更加走近世界舞台中央,不断为人类做出更大贡献。成为能够担当民族复兴大任的时代新人,需要有处于时代前沿的知识准备、能力训练,需要有不可移易的家国情怀、创造锐气。我们要以培养担当民族复兴大任的时代新人为着眼点,将核心价值观融入新人培养的方方面面。

校园文化是置身于社会文化大背景之下的一种与众不同的、独具特色的亚文化形态,它属于社区文化的范畴。正如校园存在于社会中一样,校园文化也是社会文化的重要组成部分之一[1]。从这个意义上讲,校园文化是人类社会大文化作用于学校,由学校自身进行内化的结果。它以社会主导文化为基础,又以本校的价值观为核心,蕴含着学校传统、领导作风、教师教风、学生学风、人员素质、校园环境等丰富的内涵,既表现出学校发展的文化进步程度和现代化管理水平,也反映着校园文化在社会主导文化系统中的地位和作用,对内集中体现为某种校园氛围,对外则向社会树立起学校的形象,并发挥着对社会文化的促进作用。

### (一) 社会主义核心价值观对高等院校校园文化建设的意义

校园的精神风貌是全校师生行为的本源,师生在校园精神风貌熏陶下所形成的精神动力,不仅成为工作和学习的动力源泉,而且成为工作和生活的组成部分。

**1. 引领高等院校校园文化建设的正确方向**

社会主义核心价值观三个方面的倡导,体现了国家层面、制度层面、公民道德层面的价值取向,涵盖了最广大人民群众的普遍愿望,对于培育社会主义核心价值观是一个很好的指引。夺取中国特色社会主义新胜利,必然需要最大可能地引领社会思潮,凝聚社会共识。获得共识的基本路径就是能够将伟大实践、创新理论内化为人们内心的"价值认同"。对"富强"的追求,体现了社会主义初级阶段的最大国情,既有当代的价值,又有传统的价值。"民主""文明",同样是中华民族百年来孜孜以求的目标。"和谐"则综合了传统文化中"和"的因素,又有重要的当代价值。社会的活力和创造力来自充分的空间和自由。对于自由的保障,让整个社会和人的创造力、活力真正迸发了出来。公正和法治体现了对当今社会诉求的回应。"爱国、敬业、诚信、友善"这八个字对每个人都提出了新的、更高的要求。对于所从事职业的尊重代表着一种对于个人价值的追求,爱自己的岗位,全身心

---

[1] 史洁,冀伦文,朱先奇. 校园文化的内涵及其结构 [J]. 中国高教研究,2005 (5):84-85.

地投入岗位上，干好本职工作，才可能为国家、为社会、为家庭，也为自己创造未来。正是因为热爱，才能做到奉献。

**2. 奠定高等院校校园文化建设的思想基础**

改革开放以来，我国的政治、经济、文化等方面都取得了举世瞩目的进步和成就。当前，健康、积极、向上的思想道德和价值观仍是社会的主流。但是也必须清醒地认识到，一些现象（如精神危机、信仰危机、道德危机）也在不断地冲击、挑战着人们。在思想道德领域存在的这些严重问题不仅损害着人的尊严，而且败坏着我们的社会风气。社会主义核心价值体系的提出，正是对人与社会道德缺失的关注与修复。它集中回答了用什么样的思想道德来引领人们不断提升和进步的问题，让人明白在思想道德领域应该坚持什么、反对什么、提倡什么、抵制什么，从而让正气得到弘扬，邪气无处藏身，促进良好社会风气的形成和发展。提出社会主义核心价值体系，明确揭示了我们共同思想基础的基本内涵和基本要求，将会推动校园师生自觉地维护共同的思想基础。

**3. 确定高等院校校园文化建设的价值取向**

面对利益关系复杂、思想空前活跃、观念激烈碰撞、文化深刻交融的时代，高等院校校园文化建设必须有正确的价值取向。"三个倡导"是对社会主义核心价值体系的具体化，是对民族精神、时代精神，以及爱国主义、集体主义、社会主义的具体注释，其中爱国敬业诚信友善，是其他两个倡导的基础，是作为公民应该践行的道德规范。作为中国人，首先必须热爱自己的祖国，国强才能民安、民康、民富、民乐。坚持用社会主义核心价值体系引领校园文化建设，通过潜移默化的思想影响和文化陶冶，让富强、民主、文明、和谐、自由、平等、公正、法治、爱国、敬业、诚信、友善的价值观更加深入人心，真正成为广大师生的主导意识和精神支柱，成为凝聚人心的强大精神力量，并促使广大师生自觉调整自己的人生目标和人生态度，在尊重差异、包容多样的基础上，最大限度地形成思想共识和价值认同。

### (二) 建设融合社会主义核心价值的校园文化

教育是一种文化，文化更是一种教育。高等院校必须紧抓核心价值观教育，引领校园文化。教育部《关于全面提高高等职业教育教学质量的若干意见》(教〔2006〕16号) 指出："高等职业院校要坚持育人为本，德育为先，把立德树人作为根本任务。进一步加强思想政治教育，把社会主义核心价值体系融入高等职业教育人才培养的全过程。"

**1. 培养富强、民主、文明、和谐的国家意识的校园文化**

大河有水小河满，大河无水小河干。有国才有家。教职工应该"教育报国"，学生应该"产业报国"。恩格斯曾说："大工业必须建立自己的绝对权威。"日本在经济高速增长时期的企业整体经营理念非常明确，就是赶超欧美企业。就是这种全员一致的精神，创造了20世纪七八十年代日本的经济奇迹。美国企业在近一百年中成为世界的领头羊，但美国是一个国家利益、民族利益高度一致的国家。美国经济的发展有两个"杀手锏"，一个是民族精神，另一个是民族工业。中国制造，最重要的是民族魂魄的制造，是民族精神的制造。高等院校毕业生，大部分将进入企事业单位，他们是明天的企业家、管理者和技术骨干，培养高等院校学生的"实业报国"思想，对建设富强、民主、文明、和谐的国家具有十分重大的意义。

**2. 培养自由、平等、公正、法治的社会意识的校园文化**

要提高教育工作水平，强化各种素质之间的有机联系，使德智体美劳和谐发展、科学发展，改进教育的内容和方法，建立健全有利于学生全面发展的人才培养机制，形成良好的校风、教风、学风和制度。掌握师生员工思想动向，加强思想政治工作和心理健康教育，认真化解矛盾和纠纷，协调处理好校内外的各种人际关系，形成以师生关系、干群关系为核心的平等的人际关系。加强安全与健康教育，做好校园安全保卫和卫生管理工作，增强师生安全防范意识和预防能力；强化学校内部管理和制度建设，规范学校办学行为，提高学校管理水平；培育文明风尚，积极参与社区精神文明创建活动等。

**3. 培养爱国、敬业、诚信、友善的公民意识的校园文化**

良好的学风校风、高雅健康的校园文化，有利于引领师生树立爱国、敬业、诚信、友善的公民意识，从而促进社会团结稳定、国家繁荣富强。

把社会主义核心价值体系渗透到思想政治理论课和文史课教学之中，体现在学校教育教学和日常管理的各个环节，真正做到进教材、进课堂、进学生头脑。以社会主义核心价值观为指导，健全学校规章制度、学生守则等行为准则，并成为师生日常生活的基本规范。有的学者认为，大学即文化，大学的教育与教学过程，实质上是一个有目的、有计划的文化过程，所谓教书育人、管理育人、服务育人、环境育人，说到底都是文化育人[1]。在当前更需要提倡诚信友善，正确反映和兼顾不同方面群众的利益，弘扬同情人、关心人、帮助人的观念。无论中国还是西方，乐群贵和、友善团结都是衡量社会和谐与文明程度的指标。作为调节人际关系、国际关系、人类关系的行为规范的诚信友善是消解社会矛盾、维护民族团结和世界和平的基本条件。

**五、强化社会监控规范高等院校转型质量**

目前，高等院校已形成竞争的态势，没有监控，质量就难以保证，因此，加强高等院校教育质量监控是高等院校图生存、谋发展的重要环节，是高等教育得到社会认可的必备条件，也是高等教育提高质量的重要手段。"质量监控应分为三个彼此相关又各自独立的层次：政府—社会—学校。其中，以学校自我监控为核心，以政府监控为指导，以社会媒介监控为评价依据。"但是，

---

[1] 蔡劲松. 大学文化 [M]. 北京：文化艺术出版社，2009：24-25.

我国的高等教育，其教学质量更多地是依靠政府承认的学历文凭来监控与评价，事实上，仅仅依靠一张学历文凭很难衡量高等院校教育的质量，更难突出高等院校教育强调实践技能的特性。学校监控只是自我监控，自己监督自己缺乏约束力和可信度；只有配合社会监控，才能有效地、切实可行地监控高等院校教育的质量。因此，社会监控在教育质量监控中起着举足轻重的作用。

### （一）高等院校教育状况社会监控的必要性

高等院校的教育是否成功主要看所培养的学生是否掌握社会所需要的实践技能，能否胜任生产、经营、管理、服务某一职业岗位的要求，能否成为国民经济和社会发展的实用型人才，高等院校教育的质量是在社会实践中来检测的，高等院校教育质量的认可最终来自社会的评价，可以说社会监控是提升高等院校教育质量的必然要求。

**1. 依靠社会监控提升质量是高等院校教育的特点**

高等院校教育是兼有高等教育和职业技能教育双重属性的一种新的高等教育类型；高等院校教育培养的人才，既要达到高等院校教育的基本规格要求，又要具有技能教育特点，要面向实际，突出应用性、实践性，毕业生要有较强的现场解决实际问题的技术应用能力和创新能力。高等院校教育的起点和归宿是应用，而且它要为技术应用能力的培养做准备，学生的技能既来源于社会又要还原到社会。这要求高等院校必须按照生产一线实际需要办学，在高等院校教育实践中，学生综合职业能力和全面素质的培养都与社会需求紧密联系，而这种需求的不断变化和发展引领高等院校教育的方向和发展，促使高等院校教育与社会发展同步。只有社会才能有"春江水暖鸭先知"的功能，才能对高等院校教育的质量做出客观而准确的评价。

**2. 依靠社会监控可以把握高等院校教育的发展方向**

高等院校教育的立足点是培养面向社会，面向生产、服务和管理的实用型、技能型、管理型人才。其培养目标是教育形式的

新时代高等院校转型发展研究

本质特性之所在,判断教育本质的根本依据是培养目标上的差异性,即人才的特异性。高等院校教育的目标是培养"适应生产、建设、管理、服务需要的德智体美劳等全面发展的高等技术应用型人才"。这种培养目标定位和高等院校教育的个性定位有机地结合起来,其质量目标定位是培养实用型、技术技能型人才和担当操作现场指挥的人才。这种教育更强调对社会需求的针对性和职业技能的能力培养,是以社会人才市场需求为导向的就业与服务社会教育。对教育质量的发展方向,虽然有教育系统内部的监控和学校自身的把握,但是,最终只有社会需求才能引领高等院校教育的前进方向。

**3. 社会监控促进高等院校教育的功能优化**

高等院校教育的技术实用性功能和职业技能功能越来越得到社会的承认。当前,高等院校教育办学竞争激烈,面临生存和发展的困境,只有面向社会、完善其独特的功能、锐意改革才是高等院校教育发展的唯一出路。高等院校教育的发展正在摸索经验,其教育模式将由传统的知识型教育模式向能力型教育模式转变,重视就业技能和发展能力,注重校内学习与工作经验的一致性,注重就业能力与社会评价的一致性,从单一的"学历证书"转向学历与职业资格的"双证书"制度,教室与实习地点的一体化设计,重视聘请行业企业专家担任兼职教师并占有一定的比例,等等。这些措施正在强化着高等院校教育的独特功能,这些功能的完善,正是由于社会对高等院校教育的需求监控。当前,高等院校教育的社会性改革正在紧锣密鼓地进行,只有强化高等院校教育质量的社会监控功能,才能促进高等院校教育的功能优化,使高等院校教育更加适应社会发展的需要。

**(二)当前我国高等院校教育社会监控的缺陷**

我国的高等院校教育评价,往往不自觉地掉进综合性大学通过人才培养数量和规格这一因素来进行评价的旋涡,忽视了高等院校教育基础理论加技能教育的特点,因此社会监控没有得到重视。

**1. 社会监控主体缺位**

长期以来，我国对高等院校教育进行质量控制的是政府，政府既是高等院校的兴办者，又是高等院校的管理者，还是高等院校的评价者。在我国高等教育已经大众化的情况下，几千所高等院校的质量监控全部由政府来完成，其结果必然是周期长、时效性差、质量不能保障。尤其是对于高等院校教育而言，政府的这种行政功能更加无法起到良性的推动作用，政府的功能应该只是体现在办学是否规范、合理、合法等方面，而对于社会对高等院校与学生的要求是难以把握的，虽然可以通过宏观调控来影响高等院校教育的方向和发展，但社会监控是最直接和最相关的——具有时效性、针对性和可操作性。

**2. 社会监控途径缺失**

高等院校教育传统的模式主要偏重于课堂教学，而对其他教学环节和教学过程则较少监控；对理论教学的监控较重视，而对实践性教学环节较少监控或监控不力。评估过程中没有注重吸收社会行业（企业、部门）人员的参与，没有建立起一套符合高等院校教育特点的质量评估体系。对学校教学秩序监控严格，而对教学内容的研究、教学与社会的紧密联系不予重视；对教师的教学理论素质较重视，而对教师的实践能力素质较放松，"双师型"教师明显短缺；对学生的理论知识的考核较重视，而对学生的动手操作能力缺乏有效的考核办法。于是，便缺少一条课内课外相互联系、教师学生相互联动、理论实际相互结合的有机监控途径。

**3. 社会监控体系不完善**

高等院校教育主要培养社会发展所需的技术、管理人员或高技术领域的技能型人才，因而是大众性高等教育。高等院校教育的职业性、大众性、产业性决定了它不能把自己封闭在校园内单纯地进行知识传授或仅仅依靠学校自身的资源来进行职业技能训练,而必须向社会开放。依托地方、行业和企业的技术与管理人员、基础设施和职业工作环境,以产学研结合为纽带,以服务求支持,与地方相关行业企业建立密切的合作伙伴关系,建立健全产学合作教育机制,发挥地方行业企业在办学全过程中的无可替代的关键作用。此外,高等院校毕业生的就业面向的主要是地方的企事业单位,学校还要面向地方行业企业开展职业技能培训,既对社会做贡献又锻炼提高教师的职业实践能力,使学历教育的职业教育质量得到有效提高。也就是说,高等院校教育的办学形式应该是学历教育和非学历教育的技能培训并举,全日制的职前教育和非全日制的继续教育与职业培训相结合,防止与克服单纯追求学历的学历主义倾向。其监控体系应该是学校、企业、行业、社会、政府的相互分工和互相合作,共同为满足社会需求服务。

### (三)构建高等院校教育社会监控体系的着力点

根据高等院校教育本身的特性和发展要求,建立完善的社会监控体系是其提升教育质量、获得良好声誉的重要筹码,因此高等院校要走产学研结合的道路、加强与用人单位的联系、关注社会的评价,构建良好的社会监控体系。

**1. 走产学研结合之路**

"产学研结合"是高等院校发展的基本道路,是高等院校生存发展、提高人才培养质量和毕业生就业率的必由之路。高等院校教育应在形式上和内容上保证课堂教学与实践教学的相得益彰,在教学质量管理过程中,不仅要重视理论教学质量监控,更要加强实践教学质量监控,建立起对理论教学与实践教学监控并重的教学质量监控体系;重视课程建设,培养目标由学校联合用人部门共同参与制定;依托行业、企业办出高等院校教育特色,突破传统教育只注重学校内部体系的局限,更多地将目光转向来自教育外部的监控与评价;注重就业导向,注重社会对所需人才的评价;及时发现并有效解决实际问题,促进教育教学质量的提高。这种产学研以社会为纽带，注重社会需求，满足社会需求，推动社会前进。

**2. 建立社会中介评价机构**

高等院校教育对教学质量的评价无论反映在对教师教学工作质量的测评上，还是反映在对学生成绩的考核上，都应以职业岗位的能力要求为标准、以在社会实践中的表现为依据、以对社会的贡献为准绳。只有这样，才能正确反映学校教学工作与职业岗位要求和社会要求的适应程度、学生专业能力对职业岗位的胜任程度，学校才能以此为基点，对教学活动进行正确的调控，保证高等院校教育始终贴近职业岗位的需要。为此，建立由企业、行业、社会、经济界、法律界等各界人士共同组成的中介评价机构是十分重要的，由他们对高等院校教育质量进行正确评价，指出优点长处、提出批评建议，再将信息反馈给学校，由学校规划具体调整措施，落实到培养目标和方案上，让高等院校教育与职业岗位有机接轨，从而提升高等院校教育质量，加大高等院校教育对社会的贡献力度，拓展高等院校教育的发展空间。

**3. 建立外部信息反馈系统**

学校的声誉很大程度上是由外部进行评价的，高等院校教育质量直接关系到学校的影响和声誉。因此，高等院校建立外部信息反馈系统有利于监控教育质量。首先，高等院校要建立毕业生信息反馈制度，毕业生就业状况和对社会的贡献度如何，直接反映学校教学质量，是质量保障工作的重要环节，学校可通过建立毕业生就业状况档案来了解毕业生就业状况。一方面能够完整地了解毕业生走向社会的反馈情况，另一方面又能够为学校提供专业的需求状况，及时修正人才培养工作的偏差，也为学校及时调整专业起导向作用。其次，学校要建立毕业生跟踪调查制度，定期与毕业生及用人单位进行联系，征求他们对学校教学工作和毕业生质量的意见和建议，毕业生的反馈意见、用人单位的反馈意见是高等院校实现培养适应社会需求人才目标的依据。还有，学校的每个专业都要成立以企事业单位及科研单位专家为主的专业建设指导委员会,定期开展研究活动,征求他们对教学工作的意见和建议,了解分析社会对高等院校的各种评价,这样方向明确、信息反馈及时、可操作性强。与此同时,学校要注重加强与新闻媒体的联系,一方面通报学校的各种消息,另一方面通过媒体及时了解社会各界对学校的评价,以改进教学工作,让外界更多地了解学校,也让学校更多地了解社会。

**4. 完善社会监控制度和法规**

由于社会上对高等院校社会服务的能力认识不够,政府应给予引导性的政策支持,以促使高等院校社会服务功能的发挥。例如,政府可以采用确立"职业准入制度""职业资格制度"等就业制度的方法,提高高等院校教育的地位。另外,高等院校教育是培养生产、建设、管理、服务的人才,由于各地经济发展结构不平衡,社会生产对人才的需求也不一样,因此,教育主管部门应给予高等院校充分的办学自主权(包括招生权、专业设置权、调整权),鼓励办学模式的多样化,对专业的设置给出指导性目录等,建立高等院校发展的自我约束机制,创造其发展的宽松环境。对于高等院校教育质量的外部具体监控则主要由社会承担,由行业企业监控、用人单位监控、专业指导委员会监控、中介机构评价与监控组成社会监控体系,共同引导和促进高等院校教育的发展,提升教育质量。

# 第十章 结　论

## 一、高等院校转型发展要抓住乡村振兴机遇

党的十九大提出"实施乡村振兴战略"、实现农业农村优先发展、建立三农工作队伍等。这一系列乡村发展的新举措，将为乡村发展迎来新的机遇。高等院校学生要抓住乡村振兴的新机遇，努力拓展乡村创新创业的新天地，缓解当前城市就业难的问题。

首先，抓住乡村振兴的人才需求机遇，成为三农工作队伍的一员。乡村振兴需要人才，十九大乡村振兴战略明确提出要打造一支"懂农业、爱农村、爱农民的三农工作队伍"，为乡村发展增强主体力量。高等院校学生很大一部分来自农村，他们对农村熟悉并具有天然的情感和就业优势。以往的高等教育，导致毕业生只盯着城市就业，大量的学生就业专业不对口，学生又成为新的农民工，没有想到通过农村就业实现自己的梦想。乡村振兴的大量建设人才需求，为高等院校学生打开了乡村创新创业的大门，在农村创业就业，可以开拓出一片新天地，是新时代的一种追求和生活。对于高等院校学生来说，他们在几年的学习历练中学会了多种实用技术，提高了创新创业的能力，即使在城市没有竞争优势，在乡村也是迫切需要的技术人才，顺应乡村振兴需要人才的需求，在乡村振兴中创新创业，必将为自己的灿烂人生开启成才之门。

其次，抓住乡村技术升级机遇，成为乡村新技术能手。当前技术飞速发展，乡村建设也不再单纯依靠过去的传统手工劳动了，乡村发展需要大量有实用技术的人才。特别是随着农业技术的进步和农业机械化的推广，乡村发展正在进行技术升级与改造，乡村振兴需要大量的技术创新人才，需要能够使用现代生产技术和经营技术的高等院校学生，需要有知识有文化的高新技术人才。如信息化、电商、农机、乡村旅游、农村金融等人才，乡村的需求量会日益增加，这类人才在乡村会大有可为。高等院校学生可以在乡村创新创业中大展身手，为农村新一轮技术革命贡献自己的青春，在乡村振兴中实现自己的理想追求。

再次，抓住乡村振兴政策支持机遇，做乡村振兴弄潮人。党的代表大会提出乡村振兴战略，提出农业农村要优先发展，这可以肯定乡村将成为党和国家高度重视的领域，必将出台众多的优惠政策支持乡村发展，包括高等院校学生参与乡村振兴的支持政策等。因此，高等院校学生要充分利用国家的政策支持，抓住乡村振兴的政策机遇，投身乡村创新创业，成为乡村振兴的弄潮儿，赢得人生发展的先机。

又次，抓住乡村产业融合机遇，在乡村产业发展中淘金。乡村振兴的基础是产业，产业也是高等院校学生创新创业的基础。在乡村振兴中，农村一二三产业融合发展成为趋势，如何抓住乡村产业融合发展的机遇，在融合发展中创新创业，是高等院校学生投入乡村振兴的首要问题。对于高等院校学生来说，乡村振兴的产业融合意味着在农村就业不一定是干农活，有很多适合高等院校学生创新创业的二三产业，如农产品加工、农产品产销对接等，这是高等院校学生在农村有机会有条件开拓的产业，高等院校学生能够在乡村实现自己的就业甚至创业理想。因此，在乡村一二三产业融合发展的要求下，农村产业不再是传统的农业产业，而高等院校学生从事二三产业的机会很多，可以结合专业的一技之长学以致用，可以在乡村淘金致富。

最后，抓住乡村转型发展机遇，做乡村振兴的引导者。在高质量发展转型的要求下，农业产品不再是产量优先，而是质量优先。因此，乡村迫切需要一批懂现代农业技术和加工技术的人才，从事高科技的农业发展，乡村振兴也将创造大量的就业机遇和创新空间。在高质量发展中改变传统生产方式，建立现代高质量发展的乡村发展体系，需要大量的高等院校学生参与，乡村大量的创新创业空间为高等院校学生提供了发展机遇，高等院校学生将成为乡村振兴转型发展的引导者。

随着高等院校招生规模持续扩大，大学毕业生的就业形势日益严峻，社会对高等人才的要求也正向多元化发展，这就迫切要求重视并加强高等院校学生创新创业能力培育。[1] 乡村振兴是我国城乡发展的千年变局，是我国城镇化发展在新时代的战略举措，也必将是新时代的新机遇，高等院校学生在当前城市就业难、就业不理想的情况下，要抓住乡村振兴创新创业的重大机遇，不愧对新时代的发展厚望和自己的职业梦。

## 二、高等院校转型发展要引导学生在乡村创新创业

2019年中央一号文件提出了"鼓励外出农民工、高校毕业生、退伍军人、城市各类人才返乡下乡创新创业"，不仅明确了乡村人才振兴的主体，而且为乡村人才振兴提供了落地的支点。安居乐业是老百姓的千年梦想，也是创新创业的追求。乡村振兴要想吸引人才下乡并留住人才，就必须让人才能够在乡村创新创业，这样才能保障乡村人才引得进、留得住、能发展。因此，乡村人才振兴需要乡村创新创业撬动。当前，撬动各类人才下乡创新创业参与乡村振兴，必须做好如下三个方面的工作：

（1）打通城乡创新创业通道。整体而言，我国创新创业教育还处于起步阶段，教育理念滞后，教育模式落后，师资力量匮

---

[1] 唐根丽，王艳波. 大学生创新创业能力培育路径研究 [J]. 四川理工学院学报（社会科学版），2011 (3)：76-79.

乏，教育方法陈旧，难以适应大学生乡村创新创业的要求。[1]乡村振兴是一个国家战略，也是一项伟大的民生工程，需要一大批人才扎根乡村。但是当前我国的城乡就业市场分割，乡村与城市就业不在一个平台上，很难相互流通和对接。因此，要打通我国城乡创新创业的通道，消除城乡创业就业的阻隔。目前我国似乎打通了农村剩余劳动力进城务工的就业渠道，但事实是，农民工只是进城务工，并没有创新创业的渠道，他们在城市就业并没有进入城市的正式就业渠道，因此，城市各类人才下乡，急需打通乡村创业的通道。要建立城乡无区别的户籍制度，让城市人才与乡村人才在身份上保持一致和平等，能够自由在城乡之间进行职业流动，在公共服务和社会保障上实现平等待遇。当前，最大的问题是农民工不能融入城市，城市居民下乡没有宅基地建房，要通过农村宅基地"三权分置"等改革，消除城乡创新创业的身份阻隔，建立城乡人才自由流动的绿色通道。

（2）建立乡村创新创业平台。创新创业需要良好的平台支撑，特别是对于乡村以外的人才来乡村创新创业，乡村必须为他们提供相应的创新创业平台。第一，要完善乡村创新创业孵化平台。创新创业是一项繁杂的活动，没有现成的模式可以复制，需要探索并在前人的基础上创新。因此，要建立乡村创新创业的孵化平台，加强乡村创新创业的前期引导和指导，为乡村创新创业者提供一个适应期，引导他们早日达到成熟。第二，要建立乡村创新创业的承载平台。乡村创新创业区域比较分散，因此必须安排相应的区域和载体，鼓励各类主体创建各种农业科技园、孵化器、创业基地、农民工返乡创业园等载体；鼓励创客空间、创业咖啡、创新工场等新型众创空间的发展；鼓励大中型企业通过投资员工创业开拓新的业务领域、开发创新产品，提升乡村创新创

---

[1] 王丽娟，高志宏. 大学生创新创业教育研究 [J]. 中国青年研究，2012 (10)：96-99.

业者的市场适应能力和创新能力。第三，要建立金融支撑平台。强化乡村创新创业的金融支持，创新金融产品，完善资本要素交易市场，定期举办常态化科技金融路演、产业资本对接会、融资业务培训等相关活动；鼓励企业建立健全股权激励机制，形成持续的创新动力。

（3）完善高等院校学生乡村创新创业的社会化服务体系。落实好减税降费政策，鼓励地方设立乡村就业创业引导基金，加快解决用地、信贷等困难。第一，要完善乡村创新创业的信息化服务体系。充分利用农村信息化网络，实施乡村数字化战略，建立乡村创新创业的信息服务体系，公开乡村资源、条件，发布乡村创新创业的需求，完善乡村创新创业的供需对接信息；鼓励大型互联网企业、行业领军企业通过网络平台向各类创新创业主体开放技术、开发、营销、推广等资源，鼓励各类电子商务平台为小微企业和创业者提供支撑，降低创业门槛，加强创新创业资源共享与合作，促进创新成果及时转化，构建开放式创新创业体系。第二，完善人才培训社会化服务，为乡村创新创业提供各种技术培训和人才公共培训；完善各种创客文化培训，激发创新创业人才的创造力；完善乡村职业资格培训考试体系，便于乡村创新创业人员参加资格考试。第三，完善乡村社会保障体系。完善政府支持政策信息化服务，充分利用网上信息化办公的便利，公开政府支持政策，方便创新创业人员办理各种手续；完善乡村创新创业人员的社会保障制度，确保乡村创新创业人员的基本保障；建立乡村创新创业保险机制，加强乡村创新创业人才的风险保障。

# 参考文献

(一) 著作类

[1] 杜威. 民主主义与教育 [M]. 王承绪, 译. 北京: 人民教育出版社, 2001.

[2] 沃斯. 学习的革命 [M]. 顾瑞荣, 陈标, 许静, 译. 上海: 上海三联出版社, 1998.

[3] 威廉姆森. 制度、契约与组织 [M]. 刘刚, 冯健, 杨其静, 等译. 北京: 经济科学出版社, 2003.

[4] 葛洛曼, 劳耐尔. 国际视野下的职业教育师资培养 [M]. 石伟平, 译. 北京: 外语教学与研究出版社, 2011.

[5] 克拉克. 职业教育: 国际策略、发展与制度 [M]. 翟海魂, 译. 北京: 外语教学与研究出版社, 2011.

[6] 舒尔曼. 实践智慧 [M]. 王艳玲, 译. 上海: 华东师范大学出版社, 2014.

[7] 璩鑫圭, 唐良炎. 中国近代教育史资料汇编: 学制演变 [M]. 上海: 上海教育出版社, 1991.

[8] 朱文富. 日本近年职业教育发展研究 [M]. 保定: 河北大学出版社, 1999.

[9] 陈向明. 质的研巧方法与社会科学研究 [M]. 北京: 教育科

学出版社，2000.

[10] 傅道春. 教师的成长与发展 [M]. 北京：教育科学出版社，2001.

[11] 薛天祥. 高等教育学 [M]. 桂林：广西师范大学出版社，2001.

[12] 石中英. 知识转型与教育改革 [M]. 北京：教育科学出版社，2001.

[13] 潘懋元. 新编高等教育学 [M]. 北京：北京师范大学出版社，2002.

[14] 陈祝林，徐朔，王建初. 职教师资培养的国际比较 [M]. 上海：同济大学出版社，2004.

[15] 郭志明. 美国教师专业规范历史研究 [M]. 北京：中国社会科学出版社，2004.

[16] 匡瑛. 比较高等职业教育：发展与变革 [M]. 上海：上海教育出版社，2006.

[17] 孙菊. 新时期教师职业道德与专业化发展 [M]. 北京：北京大学出版社，2006.

[18] 石伟平，徐国庆. 职业教育课程开发技术 [M]. 上海：上海教育出版社，2006.

[19] 郭斌. 知识经济下产学合作的模式、机制与绩效评价 [M]. 北京：科学出版社，2007.

[20] 周南照，赵丽，任友群. 教师教育改革与教师专业发展：国际视野与本土实践 [M]. 上海：华东师范大学出版社，2007.

[21] 翟海魂. 发达国家职业技术教育历史演进 [M]. 上海：上海教育出版社，2008.

[22] 李向东. 职业教育学新编 [M]. 北京：高等教育出版

社，2009．

[23] 马树超，郭扬．中国高等职业教育历史的抉择［M］．北京：高等教育出版社，2009．

[24] 周明星，唐林伟，刘晓，等．中国职业教育学科发展30年［M］．上海：华东师范大学出版社，2009．

[25] 陈俊．高职教师队伍建设的制度创新［M］．西安：西安交通大学出版社，2009．

[26] 张新民．高等职业教育理论构建［M］．长沙：湖南人民出版社，2010．

[27] 袁振国．当代教育学［M］．4版．北京：教育科学出版社，2010．

[28] 毛亚庆，吴合文．基于知识观的大学核心竞争力研究［M］．北京：教育科学出版社，2010．

[29] 许峰，刘晓倩，盖馥．工学结合视角下高职教学管理新论［M］．大连：辽宁师范大学出版社，2010．

[30] 谢焕忠．中国教育统计年鉴（2010）［M］．北京：人民教育出版社，2011．

[31] 丁钢．聆听思想［M］．上海：华东师范大学出版社，2012．

[32] 姜大源．当代世界职业教育发展趋势研究［M］．北京：电子工业出版社，2012．

[33] 林润惠．高职院校校企合作：方法、策略与实践［M］．北京：清华大学出版社，2012．

[34] 程晋宽．西方教育管理理论新视野：一种批判的后现代视角［M］．北京：教育科学出版社，2012．

[35] 孙诚．中国职业教育发展报告2012［M］．北京：教育科学出版社，2013．

[36] 周志刚，米靖．职业教育教师培养制度与机制创新［M］．

北京：北京师范大学出版社，2013.

[37] 段素菊. 新时期职业院校创业教育理论与实践 [M]. 保定：河北大学出版社，2013.

[38] 唐平. 大学生创业教育研究 [M]. 北京：清华大学出版社，2014.

[39] 贺国庆，朱文富. 外国职业教育通史 [M]. 北京：人民教育出版社，2014.

[40] 刘良华. 教育研究方法 [M]. 2版. 上海：华东师范大学出版社，2014.

[41] 熊建辉. 教师专业标准的国际经验 [M]. 北京：北京师范大学出版社，2014.

## （二）期刊论文类

[1] 潘懋元. 当前高等职业教育发展的几个主要问题 [J]. 高等职业教育（天津职业大学学报），2003（6）.

[2] 李建求. 打造世界制造中心：我国高等职业教育的发展策略 [J]. 教育研究，2003（6）.

[3] 顾明远. 教师的职业特点与教师专业化 [J]. 教师教育研究，2004（6）.

[4] 余群英. 高职产学合作教育人才培养模式的变迁与解析 [J]. 高教探索，2007（5）.

[5] 吕鑫祥. 技术型人才的历史发展和社会功能 [J]. 职业技术教育，2007（13）.

[6] 姚金星，杜国锋. 工学交替校外实践教学基地建设的问题与对策 [J]. 长江大学学报（社会科学版），2008（5）.

[7] 沈苏林，朱璋龙. 以实践教学为主线，提高高职精品课程建

设质量 [J]. 教育探索, 2008 (11).

[8] 郭杨. 近年来高职教育人才培养模式的七大转变 [J]. 中国高教研究, 2009 (5).

[9] 王琴, 陈嵩, 张家寰. 我国高职教育模式转型的历史思考 [J]. 教育发展研究, 2009 (9).

[10] 张广红. 高职院校"双师型"教师素质的提高 [J]. 教育理论与实践, 2010 (15).

[11] 许竞. 试论国家的技能形成体系：政治经济学视角 [J]. 清华大学教育研究, 2010 (4).

[12] 孟繁强, 杨斌. 劳动力市场技能形成模式与制造业竞争优势研究 [J]. 财经问题研究, 2010 (6).

[13] 李红. 对高职院校提高青年教师素质的思考 [J]. 教育与职业, 2010 (35).

[14] 何良胜, 何秋梅. 如何引导企业参与校企合作的问题探析 [J]. 广东水利电力职业技术学院学报, 2010 (3).

[15] 习丽琳. 国外产学研合作研究述评、展望与启示 [J]. 外国经济与管理, 2011 (2).

[16] 张德江. 应用型人才培养的定位问题及模式探析 [J]. 中国高等教育, 2011 (18).

[17] 张成涛. 职业教育工学结合运行机制的构建 [J]. 职教论坛, 2012 (22).

[18] 谢婧. 工学结合视角下高职院校教学质量监控与评价体系的构建 [J]. 青海师范大学学报（哲学社会科学版）, 2012 (5).

[19] 李建求, 卿中全. 协同创新与高职教育发展 [J]. 高等工程教育研究, 2013 (5).

[20] 朱文勇. 高职院校创新创业教育体系的构建 [J]. 产业与科

技论坛，2013（10）.
- [21] 李凌毅，陈志勇，张怀新. 构建我国大学生创新创业教育体系研究［J］. 物流教学，2013（30）.
- [22] 宋晶，魏国力. 发达国家多元创业教育体系对我国的启示［J］. 学术论坛，2013（5）.
- [23] 沈树周，段素梅. 美国高校创业教育体系及对我国的启示［J］. 南京工程学院学报（社会科学版），2013（9）.

### （三）硕博论文类

- [1] 王前新. 高等职业技术院校发展战略研究［D］. 武汉：华中科技大学，2004.
- [2] 熊建民. 高等职业教育经济功能与规模效益的实证研究［D］. 武汉：华中科技大学，2005.
- [3] 壮国桢. 高职教育"行动导向"教学体系研究［D］. 上海：华东师范大学，2005.
- [4] 陈永明. 博弈、知识与教育：基于社会转型的研究［D］. 上海：华东师范大学，2006.
- [5] 杜利. 我国职业教育发展的理论与实证研究［D］. 武汉：武汉理工大学，2008.
- [6] 付雪凌. 高等教育大众化进程中高等职业教育发展研究：国际比较的视角［D］. 上海：华东师范大学，2008.
- [7] 马艳秋. 校企共建创新平台的运行机制研究［D］. 长春：吉林大学，2009.
- [8] 刘雪岚. 红色资源与大学生理想信念教育［D］. 南昌：南昌大学，2009.
- [9] 王金旺. 高职教育与劳动力市场需求协调发展研究：以天津

为例 [D]. 天津：天津大学，2010.

[10] 王瑾. 高职院校教学管理改革创新研究 [D]. 苏州：苏州大学，2010.

（四）教育文件类

[1] 教育部. 教育部关于全面提高高等职业教育教学质量的若干意见 [Z]. 中华人民共和国教育部公报，2006-11-16.

[2] 中共中央国务院. 国家中长期教育改革和发展规划纲要（2010—2020年）[Z]. 2010-07-29.

[3] 人力资源和社会保障部. 高技能人才队伍建设中长期规划（2010—2020年）[Z]. 2011-07-06.

[4] 中共中央委员会. 中共中央关于全面深化改革若干重大问题的决定 [Z]. 2013-11-12.

[5] 中华人民共和国国务院. 国务院关于加快发展现代职业教育的决定 [Z]. 国发〔2014〕19号，2014-05-02.

[6] 国家职业教育改革实施方案 [Z]. 国发〔2019〕4号，2019-01-24.